THE
CALLING

부의 리듬을 부르는 주문, 더 콜링

"성공한 사업가가 알려주는
돈과 직업의 속성"

THE
CALLING

부의 리듬을 부르는 주문, 더 콜링

| 최창우 지음 |

뉴노멀시대
부린이들이
알아야 할
부동산 재테크
바이블

부의 흐름을
짚어내는
부동산 투자
성공기

500만원으로
200억 매출을
달성한 부동산
마케팅의 귀재

지식
공감 도서출판

당신은 과연
무엇 때문에 돈을 버는가?

사람은 누구나 자기가 세상의 중심이라고 믿는다. 나보다 윗세대를 보면 꼰대 같고, 나보다 어린 세대를 보면 철이 없다고 생각하기도 한다.

공자는 논어에서 일찍이 나이 쉰이 하늘의 뜻을 아는 '지천명'이라 했건만, 나는 그 나이가 되었어도 하늘의 뜻은커녕 내 앞가림도 여전히 힘든 것 같다. 예전 사람들은 우리보다 더 철들었기 때문인 걸까. 누군가 지금은 평균수명이 늘어 사람들의 정신연령도 10년씩 늦다고 했는데, 그럼 나는 아직 정신 나이로는 마흔 앓이를 하는 건 아닐까.

당신은 과연 무엇 때문에 돈을 버는가?
이런 질문에 대한 명확한 답변을 할 수 있는 사람이 몇 명이나 될까?

만약 이 질문에 명확한 답을 하지 못한다면, 당신은 이 책을 끝까지 읽어야 할 충분한 이유가 있는 것이다.

"돈을 맞춰 일하면 직업이고,
돈을 넘어 일하면 소명이다.
직업으로 일하면 월급을 받고,
소명으로 일하면 선물을 받는다."

– 백범 김구 –

백범 김구 선생님의 이 명언은 내가 가장 공감하며 항상 가슴속에 새기고 있는 문구다. 굳이, '직업'과 '소명'에 대한 개념을 설명하자는 것이 아니다. 월급만 받고 일하는 소위 '월급쟁이'라 불리는 것을 비하할 생각도 전혀 없다. 직업의 귀천이 없듯이. 직업을 넘어서 소명으로 일하는 것만이 고귀한 삶이라는 것도 전혀 아니다. 나도 예전에는 돈에 맞춰 일하면서 월급만 받는 '월급쟁이'의 삶이 좋았던 적이 분명히 있었으니까.

나는 원래 성직자가 되기 위해서 신학과에 입학했다. 성직자를 직업으로 분류할 때, 일반적인 직업과 다른 점이 있다면 소위 '소명(Calling)의식'이 있어야 한다는 것을 수없이 들어왔다. 하지만, 지금 나는 '성직자'라는 직업이 아닌, '부동산업'을 직업으로 선택하고 이 일을 10년 이상 해 오고 있다.

그럼에도, 분명한 것 한 가지는 내가 선택하고 살아온 삶이 '직업'을 넘어서, '소명'으로 일하는 삶으로 바뀌었다는 것. 그것은 분명하다. 그리고 남들이 보기에 성공했다고 하는 지금에 와서야 조금씩 현재 내가 서 있는 곳에서 인생의 방향을 어느 쪽으로 정하고 갈 것인지 생각하게 되었다.

한국에는 '명품' 부자가 없다.

1971년생인 나는 다행히도 우리나라가 경제적으로 세계 최빈국일 때 태어나지는 않았다. 6.25도 겪지 않았고, 우리 선배 세대처럼 국가의 흥망성쇠를 좌우하는 격변기를 피한 셈이다.

한편, 출생 배경이 그리 좋지도 않았다. 요즘 말로 표현하면 금수저도 아닌, 평범하기 그지없는 환경에서 자랐다. 사람마다 성장 환경은 다르겠지만 내가 태어나고 자란 세대는 한국이 세계 8위 규모의 경제 대국으로 급성장하는 과도기였다. 다른 나라였다면 200년은 더 걸릴 변화가 불과 몇십 년 동안 일어났으니 변화의 속도는 아찔할 정도였으니까.

그 과도기를 견디고, 성장하면서 대한민국의 중심을 잡은 세대였기에 한편으로는 자부심을 느끼기도 한다.

소위 '외제'를 선호하며 수입 물건을 대단하게 여기던 게 엊그제 같은데 이제는 '메이드 인 코리아'가 더욱 고급스럽고 신뢰를 주는 시대가 되었다. 가전과 자동차 등 한국에서 만든 가전들은 이제 전 세계인들의 기호품이 되었다. 물론 명품의 정의가 비단 경제력만으로 평가되겠느냐만, 이제는 대한민국이라는 나라가 경제적, 문화적으로 인정받는 것만은 사실이다.

명품, 이라는 단어는 하루아침에 완성되는 것은 아니다. 전 세계 대중문화를 이끄는 미국도 문화 영역 외에는 유럽에 열등감을 가진 게 사실이고, 그것은 오랜 전통에서 오는 '그 무언가'가 없기 때문이다. 내가 보기에 이것은 여유나 품위, 전통에 대한 자부심 같은 비경쟁적인 가치에서 오는 게 아닐까 싶다.

한국은 급변하는 대외적 환경에서 얻은 것과 잃은 것이 많다. 눈부신 경제성장으로 물질적 풍요를 얻은 반면, 치열한 경쟁으로 정신적 여유를 잃은 것은 분명 손해이다.

그래도, 어쩔 수 없이 물질은 중요한 가치임에 분명하다. 물질적 여유가 없다면 문화적 전통도, 예술도 말할 수 없을 것이다. 지금 전 세계가 열광하는 'K-POP'이나 영화 '기생충'의 예처럼 한국 영화의 파급력이 있을 수 있었던 바탕에는 분명 경제력이 든든하게 뒷받침되었기 때문이니까.

한국은 이렇듯 역동적인 성장 배경의 한국인 특유의 정서가 문화, 경제적 요인 속에 자리 잡은 독특한 나라다. 내가 이 책에서 말하고자 하는 바는, 이러한 한국 특유의 문화적, 경제적 DNA를 가지고 우리가 어떻게 성장해나가야 하는지 길을 제시해보고자 함이다.

우리가 한국보다 경제적으로 성장이 느린 나라에 여행을 가보면 "우리 몇 년도 모습이다."라고 말하곤 한다. 그 나라가 앞으로 어떻게 변할지를 저마다 그려보는 것이다. 그리고 자연스럽게 이 나라에서는 어떤 산업, 즉 돈벌이가 발전될지를 예상해보는 것도 가능하다.

그런데 이러한 일반적인 예측이 자주 틀리는 곳이 한국이고, 이 때문에 한국에서 사업에 실패하고 안착하지 못한 채 사업권을 매각하고 철수하는 해외 다국적 기업도 셀 수 없이 많다. 한국이 그만큼 변화의 속도가 빠르며 한국이 가진 특수성이 있기 때문이다.

이 책에는 이렇듯 급격하게 성장하고 있는 이 나라에서 성장한 한 사람의 사업가가 어떻게 격동의 시대를 통과했는지를 이야기하려고 한다. 나는 지난 25년간 대한민국이라는 사회에서 대부분의 사람들이 그러했듯이, 수많은 어려움과 싸우며 지금까지 살아남았다. 특히, 15년은 교육시장에서 10년은 부동산 시장에서 그야말로 가장 말도 많고 탈도 많은 대한민국의 소위 '이슈논쟁'인 사업에서 살아남았다. 때문에 이 책의 내용은 IMF를 통과하며 부침을 거듭한 한 사업가의 이야기이자 우리 모두의 이야기이기도 하다. 무엇보다 현재 한국을 뜨겁게 달구는, 부동산에 대한 실전 투자 이야기도 담았다.

모두가 부자가 되기는 어렵다. 하지만 분명한 것은 우리 중 누군가는 반드시 부자로 성공한다는 것이다. 그렇다면 차이는 무엇일까? 그 차이는 직업에 대한 소명의식과 변화의 속도를 감지하고 부의 리듬을 타는 타이밍. 이 두 가지만 기억하면 된다. 모쪼록 이 책을 읽는 분들이 이러한 부자의 원리를 통해 각자가 원하는 부의 크기를 달성하기를 간절히 바란다.

- 저자 최창우

Contents

Part 3 성공을 찍어내는 4가지 방법

Part 1

영업으로
일확천금을 하다

...

나는 성공을 향한 첫차를 타는 것이,
중요하다고 생각한다.

항상 첫차를 타겠다는 마음가짐이라면,
아무리 늦더라도 늦은 것이 아니다.

부자가 되기 위한 가장 좋은 때는,
바로 지금,
이 순간 내가 첫차를 타겠다는 마음가짐이다.

나는 그 수단이 영업이라고 확신한다.

공부를
돈으로 바꾸는 일

나는 부동산 전문가라고 불린다. 경매부터 분양 대행까지 손을 대지 않았던 분야가 없다. 그러나 부동산은 알면 알수록 끝이 없다는 생각이 든다. 때문에 나이 50에 부동산 석사과정을 밟고 있는 이유이기도 하다. 부동산은 한가해 보이는 직업 같지만 의외로 할 일이 참 많다. 마치 오리가 수면 위에 떠서 유유자적하는 듯 보여도 수면 아래에서 발을 계속 구르고 있듯 말이다. 쉬는 기간에도 나는 토지매물 의뢰를 받아 발품을 팔며 매물을 보러 다니는 게 취미이자 일이다.

부동산은 공부를 돈으로 바꾸는 일이다. 그래서 발품도 즐겁게 판다.

그러나 사업은 마냥 공부만 할 수 없고, 어느 시점이 되면 이것을 돈으로 바꾸어야 한다. 단기적으로 수익을 계속 만들어야 한다.

한 번은 오피스텔과 주상복합 대행업 매물을 찾던 중에 우연히 강남의 대행 현장을 의뢰받게 된다. 영업의 꽃이 부동산 영업이라면, 그중에서도 최고의 입지는 바로 강남이다. 대한민국의 부가 모이는 곳이며 분양률이 가장 높기 때문이다.

나는 오래전부터 강남 분양 대행을 꿈꾸어 왔는데 바로 그 기회였다. 차병원 사거리 주변 언주역에서 도보로 5분 거리에 있는 수익형 오피스텔이었다. 복층형으로 구성된 150세대 규모의 주상복합 매물로, 당시는 겨울을 코앞에 두고 있던 터라 2019년 2월부터 분양 대행을 하기로 계약했다.

그런데 가만히 들여다보니 상황이 녹록지 않았다.

주변 관계자들의 말을 들어보니 언주역 현장은 2018년 6월에 분양을 시작했는데 대행사가 대행을 포기하면서 4개월 이상 멈춰있는 상황이었다. 분양가는 실 전용면적 5, 7평형이 3억 초·중반대로 형성되어 있었다.

당시 언주역 주변에는 신규 오피스텔 공급이 대략 6년 정도 없었던 상황이라 물건지 분양가격을 책정하는 데 기준점을 잡기가 어려웠다. 강남이라고는 하지만, 이쪽 분양을 희망하는 사람들 역시 분양가에는 매우 예민하다는 걸 알 수 있었다.

나는 정확한 분양가를 산정하기 위해 언주역에서 범위를 넓혀서 오피스텔 분양가를 참고했다. 주변 교대나 서초동과 비교해보면 언주역 매물이 천만 원 이상 비싸다는 판단이 들었다.

정확한 분양가격을 포인트로 정하고, 분양 성공률을 높이기 위해서는 현장 조사가 추가로 더 필요했다. 분양까지는 약 3개월 정도 시간이 있었기에 주변 부동산을 둘러보면서 임대차 시세 조사를 시작했다.

3개월의 시장 조사를 하며 틈새 시간을 아끼기 위해 현장 업무 하나를 더 받아도 되겠다는 판단이 들어, 남양주에 있는 아파트 시행 부지를 찾는 의뢰를 따냈다.

보통 토지매물의 경우 1차적으로 직원들이 담당하고, 아파트 시행 부지 같은 큰 건은 내가 직접 맡는다. 이 역시 시행사에서 직접 의뢰를 한 것이기에 매물 조사를 확실히 해두는 편이 나을 것 같아서 직원에게 맡기지 않고 내가 직접 매물을 찾아서 돌아다녔다.

보통 2만 평정도 되는 물건을 도심지역에서 찾는 게 쉬운 일은 아니다. 반대로 너무 소형 평수여도 부지를 찾는 게 어렵다.

예컨대, 전원주택 부지는 5천 평 이내라 아파트 시행 부지와 비교하면 소형이다. 그런데 부동산을 잘 모르는 사람들은 소형 평수 분양을 오히려 쉽게 본다. 반대로 고수들은 소형 평수 찾는 게 얼마나 어려운지 알고 있다.

전원주택 부지의 경우 보통 임야나 자연녹지 지역 매물이 대부분인데, 자연녹지의 경우 건축 전에 인허가 관련 사항을 비롯해 확인해야 할 점들이 많다. 임야 같은 경우는 의뢰인이 5천 평을 매입하고자 한다고 해서 매도인이 5천 평을 색종이 오리듯 정확히 잘라 파는 게 아니라서 적정 크기를 물색한 뒤에는 여러 명의 지주로 구성된 땅을 합쳐서 매입해야 한다. 짐작하다시피 지주 간 매도가격 협의가 쉽게 될 수 없기에 진행도 더딘 편이다.

그러니 이런 점은 교과서에 나오지도, 누가 가르쳐주지도 않는다. 부동산은 오직 발로 뛰어서 경험으로만 배울 수 있는 영역이다. 그러니 조금이라도 더 많은 물건을 보고, 남들보다 한 발 더 뛰어서 알아보는 수밖에는 없다.

앞서도 언급했듯 한 번 흐름을 타면, 운은 쉽게 내 편이 되어준다. 내가 그 리듬을 탈 준비가 되어 있다면 말이다.

타고난 부자는 없다

우리 집은 부유하지도, 딱히 가난하지도 않았다. 평균에 해당하는 부의 크기, 생활 배경을 가진 전형적인 중산층 가정에 태어난 나의 유년 시절 역시, 그리 특별할 건 없었다. 나는 부자는 절대 타고나지 않는다고 생각한다. 다만, 부자의 리듬을 타게 해주는 '기질'이 있을 뿐이다.

나는 한번 하면 끝까지 하는 성격이다. 어릴 때 이것 때문에 부모님을 힘들게 한 적도 많았다.

초등학교 4학년 때는 이런 일도 있었다. 나는 친구의 오래된 자전거를 사기로 약속했다. 정확한 가격은 기억 안 나지만, 대략 2만 원 정도에 친구는 자전거를 팔려고 했고, 당시에는 큰 돈인 2만 원이 없었던 나는 신문 배달로 돈을 마련하자고 결심했다.

그때만 해도 초등학교는 오전반과 오후반, 이렇게 수업이 나뉘어 있었다. 나는 오전반 수업이 끝나면 부모님한테는 학교에서 놀다 간다고 거짓말을 하고, 신문을 돌릴 작정이었다. 지금이야 어른들이 주로 신문 배달을 하지만, 당시만 해도 부모가 없는 소위 '소년소녀' 가장들이 신문 배달을 많이 했다.

그땐 신문 배달을 하면 친구들이 '신문팔이'라고 놀릴 때였다. 신문지국에서 부모님이 계시냐고 물었을 때 나는 태연하게 부모님이 안 계셔서 돈을 벌어야 한다고 거짓말을 했다. 사장님은 단번에 허락해주셨다.

배달이 끝나고 집에 오면 보통 오후 6시 무렵이었다. 몸이 부서질 것 같았지만 한 달을 거의 다 채워갈 무렵이었다. 장대비가 내리던 어느 날, 배달 일을 마치고 자전거도 없이 걸어서 산을 넘어 집에 갔더니 저녁 9시가 훌쩍 넘어 있었다.

부모님은 이미 파출소에 실종 신고를 끝낸 뒤였다. 마당에 들어서자 불이 환하게 켜있고 경찰들이 왔다 갔다 하며 난리가 나 있었다. 결국, 이 사태가 있은 뒤로 신문 배달을 한 일은 들통이 났고 태어나 처음으로 아버지에게 매를 맞았다. 결국, 신문배달을 더 이상 할 수 없었다. 월급도 받지 못한 채….

나는 항상 내가 평범한 사람이라고 생각해왔다. 그런데 환경이 나를 가만히 내버려 두지 않았다. 나는 정말 대한민국에서 평범한 삶을 살고 싶었던 걸까?

후일에 돌이켜보면 그렇지 않았다는 걸 알게 되었다.

젊을 때는
마음껏 무모하라

대학에 들어간 1990년은 곧 내 인생의 암흑기였다. 부모님이 일찍 돌아가시고, 마음을 잡지 못하고 방황하던 순간….

친구들과 어울려 사고만 치는 골칫거리였는데, 아마 누나의 헌신과 신앙이 없었다면 나의 미래는 어떻게 되었을지, 생각만 해도 아찔하다. 어쩐 일인지 신학대학에 들어간 이후부터 내 인생에 필요한 모든 돈을 내가 스스로 만들어 내야 하는 처지가 되었기 때문이다.

누나가 정말 어렵게 마련한 대학등록금이 처음이자 마지막이었다. 나는 거의 미친 듯이 알바를 뛰기 시작했다. 막노동은 물론 월간지도 팔아보고, 음식점 배달도 해보고, 할 수 있는 모든 일을 닥치는 대로 했다.

나는 지는 게 너무도 싫었다. 다른 사람이 아닌 나 자신과의 경쟁에서 지는 것을 말이다. 그랬기에 공부도 완벽해야 했고,

알바도 성공적으로 마무리해야 했다. 나는 4년 동안 하루도 안 빠지고 아르바이트를 하면서도, 1학년 빼고 3년 내내 장학금을 받고 졸업했다.

사람들이 그런 나를 보고 집요하다고 할 정도였다. 나는 12시가 넘어서 일하고 돌아온 날도, 새벽 3시까지 공부하는 건 기본이었다.

그렇게 장학금을 받고 졸업했지만, 성적을 잘 받아야 한다는 생각보다 어떻게든 앞으로 나아가야 한다는 생각뿐이었다.

나라고 왜 힘들지 않았을까. 죽도록 힘들었지만 나는 오직 살아남기 위해 노력했을 뿐이다.

심지어 알바와 장학생의 이중생활에서도 나는 총학생회 학술부장까지 맡아서 오지랖을 부렸다. 내가 단지 허영심 때문에 학술부장을 맡은 건 아니었다. 나는 그때 정말 태어나서 후회 없이 책을 읽었고 특히 동서양 신학, 철학과 역사책을 읽으며 내 식견을 넓힐 수 있었으니 말이다.

이런 무모한 시기가 없었다면 지금의 내가 없었을지도 모른다.

나는 인생의 고됨에는 그만한 이유가 있다고 생각한다. 아무 것도 얻을 게 없는 경험이라는 것은 없고, 어떤 경험이든지 내가 그 경험을 어떻게 대할 것이냐에 따라서 얻을 수 있는 가치도 달라진다.

여기서 한 가지 비밀을 더 밝히고자 한다.

나는 24시간이 모자란 그 와중에도 3년 동안 정신지체 장애 시설에 봉사를 다녔다. 1992년에 장봉도라는 섬에 있는 혜림원이라는 시설을 알게 되었는데, 우연히 접한 봉사가 아이들이 눈에 밟혀서 무려 2년이라는 시간을 계속 봉사하게 된 계기가 됐다.

처음 장봉도 혜림원에 도착한 순간을 나는 지금도 생생하게 기억한다. 12월 칼바람이 부는 추운 겨울이었다. 사이클 자전거를 좋아했던 나는 사이클 한 대와 두툼한 패딩 점퍼 하나만 걸치고, 무작정 장봉도를 향해 출발했다.

장봉도는 당시만 해도 인천 월미도에서 배를 타고 영종도에 내려, 영종도에서 버스를 타고 1시간 이상을 달린 다음, 삼목도라는 곳에 도착해 다시 1시간 이상 배를 타야 도착할 수 있는 오지 중의 오지다. 무려 왕복 6시간이 걸리는 곳에 매달 찾아가 목욕과 청소, 배식 등의 봉사를 약 2년 동안 했지만, 처음 혜림원에 도착한 당일부터 나는 그곳을 빨리 떠나서 집으로 돌아가고 싶은 생각뿐이었다.

장봉도 혜림원의 첫 이미지는 그만큼 강렬했다. 그때 내 나이가 22살. 과연 내가 이곳에서 하룻밤을 함께 보낼 수 있을까. 솔직히 처음에는 단순한 호기심으로 그곳으로 출발했지만, 하룻밤을 함께 보내고 그들과 생활하면서. 지금 내 모습이 얼마나 감사한지. 그저 교회에서 듣는 설교만으로는 해결되지 않는 무언가 가슴속의 깨달음이 있었기에 가능한 시간이었다. 지금 생각해도 그때 내 인생은 그 어느 때보다 밀도가 높았던 것 같다.

나는 무기력과 무의미한 시간과 경험을 어떻게든 배척하려고 했고, 내 인생을 소중한 가치로 꽉꽉 눌러 채우고 싶었다. 인생은 이렇듯 꾸준히 노력해야만 대가가 찾아온다. 대부분 사람들은 힘들고 지치면, 쉬라고 조언한다. 하지만, 나는 힘들고 지치면 더 나 자신을 혹독한 상황 속에 밀어 넣으라고 조언하고 싶다. 지금까지도 나는 그렇게 살아왔다. 독자 여러분의 시간은 지금 어떠한가.

그런 내게도 피할 수 없는 공백의 시간인 군 입대가 찾아왔다.

나는 4년간 대학 학업을 끝내고 학사 장교 시험을 통과해 소위로 입대를 하려고 했다. 기왕에 군 복무를 하려면 장교로 복무하는 것이 가치 있는 경험을 할 기회라고 생각했다.

그런데 어느 날, 가만히 생각해 보니 내가 결국은 전역해야 할 사회에서 내 시간과 에너지를 투자할 생각을 하니 아깝다는 생각이 들었다. 무엇보다 나는 여전히 내 인생에 청구된 돈을 벌어야 하는 처지였다. 하루가 아까운 상황에서 4년이란 복무 기간은 너무 길었다.

그래서 가급적 빨리 제대하고 돈을 벌자는 생각에 사병으로 지원해 병장으로 만기 전역했다. 지금 생각해 보면 이렇게까지 치밀하게 생각해서 군 입대를 결정한 내가 대단하기도 하지만, 한편으로는 '내 정신연령이 너무 빨리 늙어버린 건 아닌가?'하는 걱정도 했다.

나는 주변 또래의 친구들처럼 즐기지도, 시간을 허비하지도 않고 오로지 내 청춘을 위해 할 수 있는 최선의 선택을 하기 위해 노력했다.

성공을 꿈꾸는 젊은이의 삶의 속도가 그러하듯. 내 인생은 아마 2배속으로 흘렀던 것 같다. 그때는 오로지 '어떻게 하면 돈을 빨리 벌 수 있을까?'하는 생각만이 내 머릿속에 있었던 것 같다.

인생을
2배속으로 살다

1996년, 나는 스물여섯 살로 제대하고 곧바로 취업의 길을 선택했다. 부천에 있는 삼성반도체 계열사인 중견 무역업체에 해외무역부 대리로 입사했다. 주변에서는 취업이 가장 빠른 편이었고, 모두가 나를 부러워했지만 정작 나는 그다지 만족스럽지 못했다. 아무리 유망한 회사에 있어도 회사는 나를 평생 책임져주지 않을 것이고, 사무직 샐러리맨의 미래는 불투명했다.

나는 정해진 월급을 받고 내 소중한 시간을 맞바꾸는 게 싫었다. 그래서 1년을 채우지 않고 스스로 퇴사를 결심했다. 내 노력과 정당한 가치와 보상을 제공하는 일이 무엇일까, 고민하던 끝에 나는 영업직을 선택했다.

요즘이야 영업으로 성공한 사람이 많지만, 당시만 해도 안정적인 직업을 선택한 사람이 최고봉으로 인정받을 때였다. 영업직은 노력한 만큼 성과는 있지만, 반대로 성과가 없으면 월급은 0원이다. 그런데 나는 도전정신이 넘치다 못해 과도할 정도였으니 이 리스크가 너무나 매력적이었다.

내가 영업직에 뛰어든 90년대에는 영어 공부 열풍이었다.

대한민국 모든 사람들이 문제집과 책 하나씩 사서 단어 암기를 하던 때였다. 그래서 나는 영어교재를 팔면 큰돈이 되리라 생각했다. 사람은 저마다 적성에 맞는 일이 다르지만, 크게 분류해 사무직과 영업직 중 하나를 택한다. 보통 사무직은 차분하고 내성적인 사람이, 영업직은 사람과 어울리기 좋아하고 외향적인 사람이 선택할 것 같지만, 꼭 그렇지만은 않다.

대다수가 취업 노선에서는 사무직을 선택한다.

영업직은 그만큼 실적 스트레스가 많고 낯선 사람을 대상으로 영업하는 일이 쉽지 않기 때문이다. 그런데 그리 외향적이지도 않은 내가 그 일을 선택해서 도전한 이유는 딱 하나, 돈을 많이 벌겠다는 일념 하나 때문이었다.

당시 영어 테이프 한 세트 가격이 약 15만 원 정도 할 때였다.

당시 나 혼자 한 달에 20세트 이상을 팔고 다녔다. 그것도 영업을 한 번도 해 본 적도 없는 초보가 말이다. 그때 회사 내에서 영업 실적 1등을 하자, 영업 선배들이 줄줄이 노트를 들고 내 자리로 왔다. 영업 비법 좀 알려달라는 것이다. 그런데 나는 알려줄 수 있는 지식이 딱히 없었다.

다만, 내 노하우라고 할 만한 것은 모두 대학 시절 아르바이트를 하며 몸으로 익힌 것들이었다.

주변에서는 나를 독종이라고 했지만, 거기서 만족하고 싶지 않았다.

지금 내가 하고 있는 일이 과연 최선일까?
나는 최고의 수익을 올리고 있는가?

나 자신에게 이렇게 질문했다.

독자분들도 지금 한 번 질문해 보기 바란다.
솔직한 대답을 들었는가?

그래서 하게 된 생각이, 영어 테이프를 파는 것보다는 내가 직접 영어 공부를 해서 강의를 하면 수입이 훨씬 더 많겠다는 생각이 들었다. 지금이야 1타 강사라고 해서 강사들이 억대 연봉도 받지만, 당시 영어 학원 강사가 월급이 그리 많지 않을 때였는데,

사업의 구상으로 영어강의 시장을 봤던 것이니 지금으로 보면 정말 선견지명이었다.

그날 이후 무작정 독학으로 영어 공부를 했다.

대학 시절에 알바를 끝내고 밤샘 공부할 때보다 더 열심히 했다. 지금 생각해봐도 나는 욕심 많은 남자였다. 그리고 무엇보다 실천에 대한 결단력이 있었다. 나는 해야겠다는 생각이 들면 바로 그날 실천하는 타입이었다.

그 이후 영어 공부를 독학으로 하면서 토익과 토플 시험을 준비했다. 그런 다음 초중등 학생을 대상으로 한 어학원에 시간강사로 취업했다.

내 인생의 첫 번째 정규직이었다.

이후 나는 중고등입시 전문학원인 대성학원의 전임강사와

부원장을 거쳐서 입시학원에서 그토록 바라던 1타 강사가 됐다. 전임강사가 되자 부와 명성이 따라왔다.

당시 시간강사의 월급은 약 45만 원일 때, 나는 월급 400만 원 이상을 받는 스타강사가 되어 있었다.

나는 인생의 변화는 갑작스럽게 오지만, 그것을 기회로 볼 수 있는 안목을 가진 사람만이 성공한다고 생각한다. 나는 학원에서 일하면서도 틈틈이 내게 오는 기회를 기다리며, 더 크고 넓은 분야로 진출하기 위해 노력했다.

국내 최초로
PC방 프랜차이즈 사업을 시작하다

그 무렵, 당시 삼성전자에서 일하던 친구가 IT 사업을 해보면 어떻겠냐고 제안했다. 지금이야 IT를 기반으로 한 스타트업이 글로벌 기업이지만, 그때만 해도 빌 게이츠가 누군지도 모르는 사람이 더 많을 정도로, IT 사업은 소수만이 주목하던 분야였다.

나는 친구의 말을 듣고 공부를 하면서 미래에는 컴퓨터 사업이 주목받을 거라는 판단을 했다. 친구의 조언을 통해 시작한 내 인생 첫 번째 사업은 바로 PC방 체인점 사업이다.

그런데 나는 성급하게 학원 스타강사 생활을 접고 사업으로 뛰어들고 싶은 마음이 없었다. 나이키의 창업주, 구글의 창업주 등 창업에 성공한 사람들은 모두 안정적인 직업을 가지고 시작했다고 했던가. 나 역시 고정적인 높은 수입을 놓치지 않고 자투리 시간에 사업을 조금씩 펼쳐 나갔다.

다행히 중고생을 대상으로 한 입시학원은 출근 시간이 오후 4시 이후부터라서 오전부터 오후 3시까지는 친구와 함께 사업을 할 수 있었다. 그때 당시만 해도 PC방은, 지금 VR방처럼 생소한 사업 아이템이었다. 지금의 PC방처럼 음식을 시켜 먹으면서, 게임을 같이 하는 오락 문화와는 전혀 거리가 먼, 오락실도 아니고 그렇다고 도서관도 아닌, 정체성이 오락가락한 사업이었다.

그런 상황에서 PC방을 프랜차이즈 사업으로 하려고 했으니 시기상조였다. 4개월 동안 실적은 단 한 곳뿐이었고, 나는 점점 초조해졌다. 특히 학원 강사를 하며 사업을 병행했기에 체력적으로 너무 힘들었던 시기였다.

'이렇게까지 하는데도 실적이 없다니, 내가 사업에 재능이 없는 건가?'

어렵게 창업을 했지만 그만둬야 하나, 어쩌나 고민이 되었다. 그러던 어느 날 사고가 터졌다. 사업이 안 되어 무심코 TV를 보던 어느 날, 카메라 고발 관련 프로에 우리 매장이 떡 하니 나온 것이다. 그 매장은 체인점 1호였는데, 중학생들이 그 매장에서 학교도 안 가고 하루 종일 게임만 해서 문제라는 내용이었다.

카메라 고발은 보통 도박장이나 불법 영업을 하는 기업이 나오는데, 그런 고발 프로그램에 업장이 나온다는 건 거의 영업폐쇄에 준하는 타격이었다. PC방은 엄연히 합법적인 영업장이었지만 초등학생들을 둔 학부모들이 이 방송을 보고 PC방을 어떻게 볼지는 뻔한 일이었다.

"사업은 접어야겠다, 안 그래?"

친구와 나는 거의 포기하다시피 하고 가맹점에 전화를 돌릴 판이었다. 그런데 어찌 된 영문인지, 그 방송이 나간 이후 2~3일부터 전화로 PC방 개설 문의가 빗발치기 시작했다. 처음에는 하루에 2~3통씩 전화가 걸려오던 것이, 한 달 정도 지나니까 하루에 30통씩 전화가 걸려왔다.

"벼룩시장 보고 전화했는데, 혹시 지금도 PC방을 가맹할 수 있어요?"

"얼마 전 카메라 고발 봤는데 애들이 하루 종일 있는 거 보고 수익이 되겠다 싶더라구요. 가맹하려면 어떻게 해야 해요?"

그러니까 당시 카메라 고발 방송은 우리에게 일종의 노이즈 마케팅이 되어준 셈이었다. 우리는 그때 PC방 창업 모집을 벼룩시장 신문에 내고 있었는데, 방송을 본 사람들이 벼룩시장 광고를 보고 전화를 불이 나게 한 것이다.

때마침 우리나라가 IMF를 겪을 때였고, 이때 갑자스럽게 퇴직하게 된 분들이 창업 아이템을 찾다가 방송을 보고 PC방 창업을 문의하게 된 케이스였다. 카메라 고발 방송이 PC방에 부정적일 거라 예상했으나, 오히려 PC방을 전국에 홍보해준 격이 되었으니, 요즘으로 말하면 '노이즈 마케팅'을 돈 한 푼 안 들이고 하게 된 셈이다.

그렇다고, PC방 프랜차이즈 사업이 성공할 수 있었던 것은 단지 운이 좋아서만은 결코 아니었다. 비록, 사업이 성공할 확률은 불확실했지만, 사업을 성공시킬 수 있다는 확신이 있었기에. 오전에 사무실에 출근해서 오후에 학원으로 출근하기 전까지 하루 일과는 정신없이 지나갔다.

오프라인 사업의 핵심은 바로 입지. PC방 프랜차이즈 사업도 바로 입지가 최우선이었다. 오전 영업회의를 끝내고, 서울 영등포부터 인천 연수동까지 입지가 좋은 건물 관리사무소를 직접 찾아가거나, 주변 부동산을 찾아가 PC방 가맹사업에 최적화된 매물을 찾아 나섰다. 임대매물 평수, 층, 보증금, 임대료 등. 좋은 매물을 미리 찾아놔야 PC방 가맹사업을 희망하는 창업자에게 즉각적인 매물 브리핑을 할 수 있기 때문이다.

그 당시 PC방의 주 고객은 중고등학생. 따라서 사거리 또는 오거리 중심 및 코너 건물이어야 하고, 주변 반경 1km 이내에 초중고가 밀집된 입지가 PC방을 개설하기에 최적의 조건이었다.

카메라 고발 방송을 보고 PC방 사업에 대한 확신을 갖고 찾아오는 손님에게 최적의 입지를 확보하고 소개하자 가맹계약은 브리핑이 끝나고 10분 만에 성사되었다.

IMF라는 전무후무한 불황 속에서 그 당시 가맹계약을 체결한 가맹점주분들 중에서 기억에 남는 일화를 하나 소개하고자 한다.

추석이 한 달 정도 남은 8월경, 방송을 보고 40대 후반의 남성 한 분이 연락해 왔다. 전화를 받고 인천 부평 백운역 농협 사거리 앞에서 1시간 뒤에 만나자는 약속을 하고 약속장소로 향했다.

고객을 만나자마자 바로 얼마 전 매물을 확보해놨던 농협 건물 9층으로 손님을 모시고 갔다. 위치와 평수를 확인하자마자 손님은 5분도 안 되어 가맹계약서를 작성하고, 부동산에서 임대차계약까지 마무리했다. 손님을 만난 지 1시간이 안 돼서, 그야말로 속전속결로 가맹계약을 끝낸 것이다.

나중에 알고 보니 손님은 원자력발전소에서 10년 이상 근무하고 명예퇴직을 하신 박사님이었다. 공기업에서 10년간 근무하시고 처음으로 창업을 선택한 업종이 바로 PC방 프랜차이즈 사업이었던 것이다.

약 80평 정도의 평수에 총 40대 정도의 PC를 설치하는 조건으로 가맹사업을 시작했다. 원자력발전소에서 퇴직하면서 받은 퇴직금으로 처음 시작하는 사업이기에 나로서도 더욱 신경을 쓰고 관리를 해드렸던 기억이 난다.

그런데, 갑자기 PC방 오픈 후 2주 정도 지나서 가맹 점주에게 전화가 왔다. 전화기 속의 목소리는 아주 다급한 상황이었다. 그때가 추석 연휴 기간이라 친구들과 술자리 중이었던 나는 전화를 받고 순간 당황할 수밖에 없었다.

지금 빨리 PC방으로 와 줄 수 없냐는 것이었다. 이유는 바로 컴퓨터 본체 전원이 켜지지 않는다는 것. 순간 나를 당황케 한 것은 바로 그때가 추석 연휴라는 것. A/S팀도 추석 연휴로 근무하지 않고 있던 상황. 더욱이 친구들과 명절 모임 중이었던 나는 순간 고민을 했지만. 고민도 잠시. 바로 친구 한 명과 택시를 타고 바로 가맹점주의 PC방인 부평 백운역으로 향했다.

PC방 가맹사업을 총괄하고 있었지만, PC 본체 A/S 전담은 아니었기에 내가 현장에 도착해도 문제점을 해결하지 못할 수도 있었지만, 다행히 함께 있던 친구가 컴퓨터공학과 전공이었기에 나는 무작정 친구를 데리고 출발했다.

현장에 가보니 40대 PC 본체 중에서 약 10대 정도의 PC 본체 전원이 켜지지 않았고, 그로 인해 영업을 하지 못하고 있는 상황. 함께 간 친구에게 PC 본체 이상 유무 체크를 부탁했고, 뜻밖에도 1분도 안 돼 문제는 해결되었다. 바로 본체 메인 전원코드가 연결이 안 돼 본체에 전원 공급이 안된 상황.

가맹점 사장님도 함께 간 친구도 나도 허탈한 웃음을 지으며 서로 아무 말 없이 얼굴만 바라보고 있었으니.

하지만, 이 사건으로 나는 PC방 가맹점 5곳을 추가로 개설하게 된다. 바로 가맹점주로부터 소개받은 분들이었다.

몇 주가 지나서 가맹점주인 박사님이 감사의 표시로 점심 식사를 대접해주셨고, 식사를 하면서 신규가맹점 사장님을 소개해주신 분이 바로 박사님이라는 얘기를 들었던 것.

PC 본체 전원코드 연결 확인도 안 하고 무작정 전화를 했는데, 명절 연휴 기간에 불편한 기색도 보이지 않고 쏜살같이 찾아와준 내 성의에 보답하신 것이라는 얘기를 듣고, 과연 내 판단과 행동이 헛된 것은 아님을 새삼 느끼는 시간이었다.

영업은 단순히 어떤 물건을 팔고 끝나는 일회성 행위가 아니다. 물건을 팔고 난 이후부터가 본격적인 영업활동의 시작이다. 단순히 "고객은 왕이다."라는 구태의연한 얘기를 하려는 것이 아니다.

'고객은 왕'이라는 정의에서 벗어나, "고객은 나 자신이다."라고 말하고 싶다.

비록, 해프닝으로 끝난 일이지만, 만약 컴퓨터를 전혀 모르는 내가 고객의 입장이라면, 그리고 단순히 컴퓨터 전원이 안 돼서 불편한 것이 아니라 그로 인해서 영업을 못하고 손해를 보게 된 상황이라면, 나는 어떻게 했을까?

모든 사업은 갑과 을의 상하 수직 관계가 아니라, 상대방의 입장에서, 바로 수평적 관계에서, 출발해야 한다. 가맹점주가 살아야 본사가 살 수 있고, 본사가 성장해야 가맹점주도 프랜차이즈로 성공할 수 있다.

그 이후부터는 사업이 순풍을 맞았다.

방송 이후 1년 동안 제주도를 포함해서 전국적으로 PC방 창

업 열풍을 이끌었다. 무려 135개 프랜차이즈 지점을 개설했는
데 당시에 이렇듯 PC방 프랜차이즈 사업을 벌인 업체는 전국
에 단 한 곳도 없었다. 전화는 매일 불이 날 정도로 걸려왔다.

사업 성공 여부가 애매한 창업 아이템이 어느 날 갑자기 알
짜 사업 아이템이 되었으니, 주변에 다양한 분들이 우리를 주
목했다.

사업을 하면서 문제를 해결하는 가장 중요한 방법은 바로
'절실함'이다. 그 '절실함'은 단지 나 자신의 '절실함'뿐만 아니라,
상대방인 고객의 '절실함'을 먼저 걱정할 때 '해결방안'을 찾을
수 있는 것이다.

나는 이때부터 가맹점 매출을 올릴 수 있는 온갖 아이디어
를 떠올리고 공부했는데, 마케팅을 시도하기 시작한 것도 이때
가 처음이다.

다양한 시행착오를 거쳐 마케팅을 진행했는데, 혼자 마케팅
책을 독학으로 보면서 곧바로 실행에 옮기고, 여기서 겪은 시
행착오를 다시 가다듬어나가는 등 실전 감각을 키운 것이 가
장 빠르고 값진 배움이었다. 책을 통한 지식이 아무리 좋고 유
명한 정보라 하더라도, 사업에 적용하고 실행하지 않으면 아무

런 쓸모없는 쓰레기에 불과하다.

PC방에 가맹한 전국 지점에 보너스 카드를 도입한 것이다. 고객이 마일리지를 쌓듯 PC방에 자주 오면 올수록 점수가 쌓이게끔 하는 것은 멤버십 비즈니스를 하는 데 핵심적인 요인이었다.

또 우리나라에 '프로게이머'라는 직업이 없을 당시, 처음으로 '게임으로 프로로 인정받는 사람을 뽑는 대회'를 개최하기도 했다. 1회 프로게이머 대회는 서울 신촌에서 열렸는데, 이때 이 대회를 통해 '프로게이머'라는 말이 언론에 오르내리기도 했다.

나는 내 인생에 홈런을 날렸다고 생각했다.

그러나 세상에 영원한 것은 없는 것 같다. 수요가 있으면 공급이 있고, 냄새가 나면 벌레가 꼬이듯 PC방 사업도 돈이 된다는 걸 안 대기업들이 뛰어들었다. 당시 삼성과 삼보 등의 대기업이 PC 프랜차이즈 가맹사업에 뛰어들면서, '국내 최초'라는 타이틀은 무의미해졌다.

유일한 것을 만들고, 그것을 최고로 만들면 사업은 성공이 보장된다고 믿었다. 그렇지만 세상에는 '규모의 법칙'이라는 게 있다. 즉, 모방이 가능한 사업을 자금력이 더 많은 사업자가 경쟁자로 뛰어들면, 자금력이 약한 업체가 경쟁에서 뒤처지는 것은 시간문제이기 때문이다.

물론 이후에는 주변 경쟁업체에서 스카우트 제의도 있었지만, 이미 상황이 그 정도로 흘러갈 즈음에는 PC방 사업이 레드오션으로 치닫고 있었다. 더욱이 정부에서 규제를 계속하는 부분도 악재 중 악재였다. 물론 많은 돈을 벌었지만, 중요한 교훈을 남긴 실패였다.

PC방 사업을 정리한 뒤 학원 강사로 복귀한 나는, 누구도 따라올 수 없는 나만의 사업 콘텐츠를 만들어야겠다고 생각하고 내가 강점을 가진 강의 콘텐츠 능력을 토대로 원래 내가 꿈꾸었던 강의 사업을 준비했다.

PC방 사업으로 성공해 축적한 부가 이때의 종잣돈이 되었으니, PC방 사업은 나에게 교훈과 목돈이라는 큰 선물을 준 셈이다.

나는 평소에 도전을 좋아한다. 그리고 도전을 받아들인 이후에는 그 도전이 힘들더라도 최대한 즐긴다. 제대 이후 학원 강사가 되었던 것도 그렇고, 잘 몰랐던 PC방 사업에 도전한 것도 도전을 즐기는 성격 때문이다.

변화를 위한 변화가 아닌, 성장을 위한 변화라는 것이 핵심이다. 우리는 누구에게나 성장을 위한 변화의 시간이 온다. 이 변화를 받아들이고 즐기느냐에 따라서 이 리듬을 타고 다음 성장으로 넘어가느냐, 아니면 현재에 안주하다가 주저앉느냐가 결정된다.

내가 원하지 않는 음악이 나올 때도, 바뀐 음악에 맞춰서 리듬을 탈 수 있는 사람이 흥겨운 사람인 것처럼, 부의 리듬 역시 바뀐 변화의 리듬을 잘 타는 것이 중요하다.

국내 최초 PC방 사업가,
백령도에서 화장품을 판 이유

학원 강사로 돌아왔지만 사업을 하고 난 이후의 나는 같은 사람이 아니었다. 2000년 2월에 사업을 하기 2년 전, 그러니까 사업 구상을 하던 시점에서 나는 또 다른 분야에 도전을 했다.

그 당시 내 의문점은 이것이었다.

'대한민국 상위 5% 이내 드는 강사는 누구일까?'

첫 번째 답은 돈을 많이 받는 강사, 나는 이 부분은 이미 이루었으니 해당이 되었다. 두 번째 질문은 얼마나 많은 학생들을 가르쳐봤는가, 나는 나를 거쳐 간 수천 명의 학생들을 가르쳐봤기에 이 부분도 해당이 되었다.

'내가 해보지 않은 것은 무엇일까?'

그때 우연한 기회에 백령도에서 영어 강사를 모집한다는 광고를 봤다. 대한민국 최북단인 섬에서 학생들을 가르치는 강사가 된다? 마음이 끌렸다. 게다가 약 20년 전 최고 연봉에 해당하는 5천만 원과 하우징 및 편의시설을 제공받고 일할 수 있다는 점도 기회라고 판단했다.

나는 누구도 가보지 않은 곳에서 학생들을 가르칠 수 있다. 나는 백령도에서 영어를 가르치는 최초의 강사가 된다! 이것이 나를 자극했다. 당시 스물여덟 살이었던 나는 그렇게 한 달 월급 50만 원에서 거의 10배를 더 받는 최고급 강사로 백령도에서 일하게 되었다.

나중에 들은 얘기지만 그때 경쟁률은 무려 30대 1에 달했다고 한다. PC방 사업을 할 때는 정신적으로, 늘 칼날 위에 서 있는 기분이었다면 이때 백령도에서 일할 때는 내 인생의 방학 같은 나날들이었다. 실적의 부담도 없고 높은 액수의 월급이 제때 통장에 꽂히는….

하지만 마냥 편안한 생활을 바라고 백령도로 간 건 아니었다. 나는 섬 지역 생활에 적응하면서 그곳에서 아이들의 영어 실력을 끌어올려야 하는 미션을 받게 되었다. 원래가 도전적이고 부지런한 성격인 나는 1년 동안 역시 1분 1초를 아끼면서 최고의 존재가 되기 위해 노력했다.

물론 섬 생활은 힘들었다.

해산물 음식도 적응되지 않았고 주말이면 찾아오는 외로움, 그리고 좀처럼 실력이 늘지 않는 아이들을 보면서 정신적으로 힘들었다. 하지만 모든 것이 갖춰지지 않은 조건에서도 '최고의 나'라는 목표만 생각하면서 하루하루를 단련시켰다.

나는 스스로에게 절대 쉴 틈을 주지 않고 밀도 있게 보냈다. 주말에는 운동을 하거나 글을 썼고 평소에도 수업이 없을 때는 백령도 곳곳을 탐색하며 공부했다.

어떤 사람들은 내가 20대 때 섬 생활을 하면서 영어 강사를 했다고 하면 독하다고 한다. 외롭지도 않느냐고, 어떻게 혼자서 섬에서 아는 사람 하나 없이 살아갈 수 있었느냐고. 그때마다 내 대답은 같다.

변화의 리듬을 즐기면, 성장하는 즐거움을 느낄 수 있다.

대다수 사람들은 최고가 되려고 노력한다. 물론, 최고가 되려는 노력도 중요하다. 하지만, 나는 '최고'보다는 '최초'라는 단어를 더 좋아한다.

'개척자', '프런티어'가 나한테는 더 끌리는 단어다.

남들이 가지 않은 길. 실패에 대한 두려움보다는 적어도 '최초'라는 그 길 위에서는 어느 누구에게도 쫓기지 않는. 난 항상 1등이었으니까!

원래 약속된 1년 계약 기간이 끝난 뒤, 나는 아쉬운 마음에 백령도를 떠날 줄 알았다. 백령도의 모든 기억들이 내 삶에 어떤 자양분이 될지는 알 수 없었다. 마치 군 시절의 기억이 제대후 삶에 어떤 영향을 미칠지 알 수 없듯. 그러나 예상외로 백령도와의 재회는 빠르게 찾아왔다.

백령도를 나온 뒤 3개월 후, 나는 다시 백령도로 가는 배를 타고 있었다.

이번에는 영어 강사가 아니라 화장품 판매 영업 사원으로 간 것이었다. 내가 백령도에서 돌아온 지 얼마 지나지 않아, 대기업 화장품 회사에 근무하던 사촌 누나의 부탁으로 화장품 수입업체 임원의 통역을 맡게 된 것이다.

모르는 사람이 보면 생뚱맞다고 할 것이다. 갑자기 왜 화장품 수입업체에서 일을 하지? 그러나 나는 연결고리가 눈에 보였다. 영업을 했던 경험, 그리고 영어 강사로 일했던 경험, 그리고 사업을 했던 경험이 더해져 내가 화장품 판매 영역을 경험할 수 있는 좋은 기회라고 여겼던 것이다.

나는 통역 일을 하면서 판로를 고민하는 사촌 누나에게 제안했다.

"백령도에서 화장품을 팔아보면 어때?"

사촌 누나는 그 무슨 생뚱맞은 소리냐며 의아해했다. 당시 화장품 판매 시장은 대부분 방문판매 형태를 띠고 있었는데, 새로운 영업 시장을 확보하기 위해 업체 간 경쟁이 혈안이 된 상태였다. 사촌 누나는 백령도라는 생소한 지역에서 영업이 제대로 될지 걱정을 했다.

"백령도에서 화장품을 살 사람들이 있을까? 인구도 적고 구매력도 어떨지 모르겠는데…."

"내가 1년 동안 백령도에 있어 봤는데 그곳은 영업의 황무지 같은 곳이야. 그렇기 때문에 오히려 화장품을 새로운 세계로 받아들이고 충분히 구매가 일어날 수 있으니 나만 믿어봐!"

나는 백령도라는 곳을 일종의 새로운 영업 방식을 테스트해 볼 수 있는 전진기지가 될 거라고 설득했다. 그리고 곧바로 사업제안서를 작성해 제출했고, 회사로부터 승인을 받아 영업을 시작하게 된 것이다.

나는 곧장 백령도로 갔다.

당시 내 머릿속에는 백령도가 정말 시장 가치가 없는 곳인가, 에 대한 의문이 있었다. 누구나 백령도는 사람이 적게 살고, 소비성도 낮을 거라는 생각을 당연하게 한다. 그런데 정말 그러한지는 면밀하게 따져본 사람이 별로 없을 거라고 생각한다.

내 기억으로 그때 백령도는 민간인이 약 5천 명, 군인이 약 6천 명 정도로 도합 1만 명 정도가 거주하고 있던 상황이었는데, 특히 민간인과 군인 가족을 포함하여 여성인구 비율이 거의 40% 이상이었다.

내 생각으로는 아무리 나 혼자 영업을 못해도 수요가 충분하다고 판단했기에, 영업 승산을 확신할 수 있었던 것이다.

그럼 여기서 독자들에게 질문을 해보겠다.

내가 백령도에 가서 화장품을 얼마나 팔았을까?

내 월급이나마 겨우 가져갔으면 다행일 거라고 생각하는 독자들도 있을 것이다. 그런데 나는 99년 백령도 최초의 화장품 영업사원이 된 이후 약 8개월 동안 백령도를 딱 네 번 방문하고 도합 1억 원의 매출을 올렸다. 20년 전 당시 1억 원 매출이라면 웬만한 중소기업체 월매출액과 맞먹는 것이다.

모두가 내가 실패할 거라 생각하고, 아무도 내가 백령도에서 화장품을 팔 수 있을 거라 생각한 사람이 없었다. 그래서 그 소식을 들은 모든 지인들이 나에게 물었다.
"아니, 어떻게 백령도에서 화장품을 그렇게 많이 팔았어?"

그런데 이상하게 들리겠지만 딱히 노하우랄 건 없다. 보통의 영업 사원이, 보통 화장품을 파는 식으로 나도 영업을 했을 뿐이다. 단지, 마케팅 방식을 바꿨을 뿐이다. 바로 일반 화장품이 아니라, 수입산 명품 화장품만 팔겠다는 생각. 아무리 화장품을 소비하는 층이 두텁다 할지라도, 일반 국내산 화장품 단가로는 1억 원이라는 매출은 꿈도 꿀 수 없었다. 평상시 구입하기 힘든 수입산 명품 화장품을 판다는 소식에 가져간 화장품은 완판을 했고, 선주문이라는 유래가 없는 오더를 받고 인천으로 나오는 배를 탈 수 있었다.

내가 생각한 신념은 하나였다.
순간순간 최고의 존재가 되자는 믿음!
남들이 생각하는 마케팅으로는 불가능하다.
중요한 것은 내가 팔고자 하는 물건을 구매할 '고객이 몇 명인가'보다는 '고객이 원하는 것이 무엇인지'를 알아야 한다는 것이다.

이후 수많은 화장품 회사에서 스카우트 제의가 쏟아졌다. 업계에서는 화장품 영업 경험이 없는 사람이 그것도 백령도라는 낯선 곳에서 연 1억 매출을 올린 것이 회자되었다. 나 역시 화장품 영업의 매력에 한동안 푹 빠져 화장품 영업을 쭉 해볼까 잠시 생각한 것도 사실이다.
하지만, 나는 내가 계획한 원래 목표를 되새겼다. 압도적인 능력으로 부의 리듬을 타자! 그래서 단기적인 성과보다는 장기적인 성장을 목표로 원래의 계획대로 학원 사업을 준비하는 일로 돌아가기로 했다.
PC방 사업이 그러했듯, 달콤한 꿀 같은 시간은 오래 가지 못한다. 궁극의 목표가 없다면 부의 흐름에 몸을 맡길 수 없다. 나는 이것을 20대 때부터 분명하게 알고 있었다.

사업할 준비가 되었는지
스스로에게 물어라

처음 내 손으로 사업을 했던 건 PC방 프랜차이즈 가맹사업이었다. 그때는 사업이 뭔지도 모르고, 어떻게 돈을 버는지도, 부자의 리듬을 타는 방법도 모른 채로 막무가내로 목표에 매진하던 시기였다.

그러나 이제는 달랐다. 20대 초반부터 경험했던 영업의 기술과 학원 강사로서 체득한 콘텐츠 전달 능력, 그리고 사업을 통해 배운 경험으로 이제 1억 원 이상의 자산을 가진, 사업가로서의 준비가 비로소 끝난 것이다.

2000년, 때는 밀레니엄의 열기로 새로운 시대에 대한 기대감이 부푼 해에 나는 인천 부평에서 100평 규모의 입시학원을 차렸다. 공식적으로는 나의 두 번째 사업. 이때는 두 번째 사업인 만큼 내 각오도 남달랐다. 부자의 리듬을 타기 위한 본격적인 시작을 알리는 듯했다.

모아둔 투자금 1억 원, 그리고 운영자금 대출을 통해 나는 총 2억 원을 들여서 초중고생을 대상으로 하는 입시 전문학원을 운영하기 시작했다. 나는 학원 강사로서 많은 경험이 있었지만, 학원 사업은 내 생각처럼 그렇게 만만하지 않았다. 지난 3년간 사업 감각을 키웠다고 생각했는데 수강생이 한 명도 없이 맨땅에서 시작하는 것은 결코 만만한 일이 아니었다.

처음엔 고정비 지출이 컸다.

수강생은 없는데 수강과목을 유지하기 위해 강사 월급을 줘야 했고, 학원 차량 운행 등도 계속해야 했기 때문이다. 다행히 2000년대 초반은 학원 사업이 비교적 순탄한 시절이었다. PC방 가맹사업을 할 때처럼 회원이 폭발적으로 늘지는 않았지만, 조금씩 수강생이 늘면서 학원은 자리를 잡아가고 있었다.

내 1차 목표는 손익분기점을 어떻게든 넘기는 것이었다. 신문전단지, 아파트 단지 광고 등을 통해 광고비를 많이 썼는데, 어쩐지 이것만으로는 부족하다는 생각이 들었다. PC방 사업 시절, 몸으로 뛰면서 얻은 경험이 마케팅 노하우를 축적하는 데 도움이 될 거라고 판단했다.

나는 내가 몸으로 경험하려면 학원장이라는 타이틀부터 일단 내려놓아야겠다고 생각했다. 그리고 매일 새벽 4시에 내가 직접 아파트 20층부터 계단을 내려오면서 학원 홍보 전단지를 돌렸다.

학원장이 직접 전단지를 돌리는 학원은 그 당시에는 아마 없었을 것이다. 그런데 내 일은 거기서 끝나지 않았다. 예전에 화장품 영업이나, 영어 강사 시절에는 마케팅이나 강의만 잘하면 나머지는 회사가 다 알아서 해주었는데 학원을 직접 경영하자니 강의부터 운전, 경영 등 온갖 일을 내가 다 짊어져야 했다. 이런 상황에서 마케팅에만 시간을 할애할 수도 없는 일이었다.

이때 나는 철저하게 깨달았다.

성공을 위해서는 주변에 힘 있는 파트너들의 도움이 필요하다는 것을…. 중국 출신인 화교들이 전 세계에 흩어져 사업을 하면서도 상위권에 속하는 부를 유지할 수 있는 것은 네트워크의 힘이다. 나 역시 나 혼자만의 능력이 아니라 주변 사람의 능력을 활용해서 사업을 하는 방법을 배워나가는 시기였다.

부를 이루려면 나 혼자만 앞으로 나아가는 것이 아니라 주변 사람과 함께해야 한다.

무엇인가 새로운 방법을 찾아야겠다고 생각하던 중, 새벽에 번쩍 눈에 들어오는 게 있었다. 새벽에 전단지를 붙이고 돌아서는데 아파트 문 앞에 우유를 넣는 가방이 보였다.

아, 바로 이거다!

전단지를 어떻게 하면 덜 붙이면서 내가 직접 붙이는 것처럼 꼼꼼하게 붙일 수 있을까를 고민하다가 그야말로 신세계를 발견한 기분이었다.

'우유대리점을 찾아가서 제휴를 하면 되겠구나!'

매일 새벽같이 전단지를 돌리면서도 눈앞에서 같은 일을 하는 사업이 보이지 않았다니 사람의 시야가 참 좁다는 생각을 했다. 지금도 그렇지만 그 당시에는 신문전단지나 아파트 게시판 등 일반적으로 많이 하는 판촉의 경우 학부모에게 전단지가 직접 전달이 되지 않고, 제거되거나 청소원에 의해 버려지는 경우가 많았다. 만약 학부모에게 전단지가 제대로 전달될 수만 있다면, 나는 수강생을 끌어모을 자신이 있었다.

그런데 우유는 학부모들이 직접 수거를 하고, 또 우유 배달

원 역시 집집마다 배달을 하니 우유대리점과 제휴를 하면 전단지를 붙이면서도 효율은 더 좋아질 수 있겠다는 생각이 든 것이다.

이런 내 예상은 100% 적중했다.

우유대리점과 제휴해 학원 전단지를 배포하기 시작하자, 3개월 만에 신규 수강생이 50명가량 늘어난 것이다. 이후 6개월 만에 100명이 넘었고, 개원 후 1년 뒤에는 등록 수강생 200명 이상의 중형급 학원으로 성장할 수 있었다.

전단지를 붙여서 학부모에게 직접 전달하는 효과가 있으면서도, 계속 신경을 쓰지 않아도 된다는 것은 엄청난 이점이었다. 나는 마케팅을 외부에 맡기면서 학원 운영 및 강사 관리에 집중해서 학원의 경영에만 몰입할 수 있었다.

모든 것을 혼자서 할 수 있다는 건 착각이다. 어떤 일을 나보다 잘하는 사람에게 그 일을 맡기고 협업을 하면, 사업은 더 리드미컬해진다.

모든 일이 그렇듯, 학원 사업은 한 번 탄력이 붙으면 그다음은 자체적인 성장 동력만으로도 쑥쑥 큰다. 우리 학원 역시 학생 증가와 그에 따른 입소문이 선순환 효과를 이루어 개원한 지 2년 만에 인근의 가장 큰 학원으로 성장할 수 있었다. 나는 흐름을 탄 것을 이어나가 더욱 성장해야 한다고 생각했다.

'이제 겨우 걸음마를 떼었다. 마음껏 달리기까지는 아직 더 많은 난관이 남았다.'

개원 2년 차를 지나 3년 차까지 일에 집중하고 몰두하며 무섭게 학원을 성장시켰다. 마치 대학 시절 알바와 공부를 병행하면서도 장학금을 놓치지 않았듯, 그리고 백령도에서 화장품을 팔면서 집중했듯, 나에게 있어 부의 흐름을 타는 가장 큰 능력은 집중력과 몰입이라고 생각한다.

그 결과 우리 학원은 개원 3년 만에 300명이 정원인 인근 입시학원을 인수하면서 부평구 지역 개인 학원으로는 전례가 없는 수강생 800명 규모의 대형 학원으로 성장할 수 있었다. 이때의 사업 성공으로 나는 33살이라는 나이에 50평대 아파트를 구입하고, 신축 빌라를 분양받으면서 승승장구할 수 있었다. 내 인생의 두 번째 황금기였다.

그러나 항상 기억해야 한다. 위기는 언제든지 찾아온다. 그 위기를 기회로 보고 리듬을 탈 준비를 하느냐, 아니면 위기를 그 자체로 받아들여 몰락하느냐는 오직 내 선택에 달린 것이다.

처절한 위기는
엄청난 기회가 된다

6년 정도 학원을 하면서 지점을 네 군데 나 더 개설하는 등 학원은 승승장구하는 것처럼 보였다. 학원이 정점에 올랐을 때에는 1,200명의 수강생이 모인 지역 내 1위 입시 전문학원으로까지 성장했다.

2007년 학원 운영 당시에 부평은 '인천의 목동'이라고 할 정도로 교육열이 뜨거운 곳이었다.

이 때문에 원생이 꾸준하게 늘어났고, 학원이 빠르게 성장할 수 있었던 것이다. 학원을 경영하면서 번 돈 대부분은 지점 개원과 부동산 구입비 등 재투자를 지속하면서 노력을 게을리하지 않았다.

하지만 호황 뒤에는 반드시 불황이 온다고 했던가. 지역 내 1위라는 자만심에 무리하게 지점을 늘리면서 그에 따른 인건비와 월세가 점점 눈덩이처럼 커졌다. 고정비용이 자꾸만 늘어나자 위기감이 느껴졌다. 당장 발등에 떨어진 불을 끄기 위해서는 어떻게든 지출을 줄여야 했다.

결국 본원을 지점학원과 통합시키고 긴축 경영에 돌입했다. 이 시기는 학원업계에서 본격적으로 프랜차이즈 학원이 등장하면서 중소학원 위기론이 나오던 때였다. 게다가 엎친 데 덮친 격으로 2008년 글로벌 금융위기로 지역 경제를 견인하던 대우자동차 부평공장이 직격탄을 맞아, 경기가 어려워지면서 학원생 수는 급격하게 떨어지기 시작했다.

이때까지만 해도 전문 경영이라는 개념 없이, 마케팅과 강의에만 주력해왔던 나의 경영 능력도 시험대에 오르게 되었다.

학원 매출은 내리막길을 걷기 시작했다. 가지고 있던 아파트 3채, 그리고 빌라 2채가 차례로 채권자들을 통해 경매로 넘어갔다. 난생처음 본 지옥의 문이 그때 열렸다. 법원 집행관들이 집으로 찾아와 이른바 '빨간 딱지'를 붙이고 갔다. 성공에 이르는 길은 힘겨웠지만, 내리막길은 말로 표현할 수 없을 만큼 허무했다.

끝내는 마지막 보루였던 학원 본원마저 인근 대형 입시학원에 매각하고, 남은 채권을 모두 정리했더니 내 손에 남은 돈이 딱 천만 원이었다.

그때 천만 원으로 구할 수 있는 집은 빌라나 아파트 월세방 보증금이 전부였다. 수억 원대의 자산가였던 내가 하루아침에 길거리에 나앉은 것과 마찬가지였다.

어떻게 하면 작은 아파트 월세라도 살 수 있겠지만, 다른 일을 할 방법을 찾기 위해서는 돈을 조금 남겨두어야 했다. 나는 인생의 첫 번째 큰 실패를 겪었다.

이를 악물고, 초심으로 돌아가기로 했다.

그때까지도 나는 '무엇이 잘못된 것일까?'하고 수많은 고민을 했다. 정말 열심히 밤잠을 설쳐가며, 내 몸이 부서져라. 열심히 일했는데….

하지만 신세 한탄만 하고 있을 순 없었다. 내가 절망하고 원망하고 있는 순간에도 '시간'은 어김없이 흘러가니까….

내가 목표로 삼은 바가 맞는다면 이 위기는 반드시 내 성공의 목표를 향한 변곡점이 될 것이다.

Part 2

부동산 투자로
기회를 찾다

...

누구나 투자의 기회가 온다.

이러한 기회에
어떤 사람은 주식을,
어떤 사람은 사업을,
어떤 사람은 부동산 투자를
할 것이다.

내가 선택한 분야는
부동산이었다.

그리고 나는 부동산 부자가
되기까지 단 한 번도 시장을
떠나지 않았다.

나를 다시 일으켜준
부동산 경매

사실 실패를 했지만 절망적이진 않았다. 그래도 빚은 있었지만 천만 원이라도 내 손에 있는 게 어딘가. 나는 그나마 최악은 면한 셈이었다. 하지만 당장 생계를 이어나가야 하니 발등에 불이 떨어진 격이었다.

어떻게 할까, 고민하다가 떠오른 것이 바로 부동산 경매 쪽이었다. 사실 내가 사업이 승승장구하던 시절 자산을 축적할수 있었던 계기가 된 도구는 부동산이었다. 1999년 모아둔 종잣돈 중 일부인 300만 원으로 인천에 있는 3층 빌라를 경매에서 낙찰받은 것이 내 부동산 투자의 시작이었다.

당시 인천 부동산 시세가 방이 두 개인 빌라 경매가가 1,500~3,000만 원 내외였는데 대출을 최대 85%까지 받아서 매입할 수 있었다. 당시에는 대출 여건이 아주 좋아서 제2금융권으로만 가도 최대 95%까지는 대출을 받을 수 있는 상황이었다.

　이후 1년 남짓 들고 있던 이 빌라를 되팔 때는 4,500만 원을 받았다. 세금을 제하더라도 4천만 원에 달하는 수익을 안겨준 것이다. 이때가 내가 부동산 투자를 통해 처음으로 돈을 번 경험이었다. 그때는 나에게도 사업이 아니라 투자로 돈을 벌 수 있는 능력이 있다고만 생각했다.
　그런데 이제는 내가 그 능력을 살려서 사업처럼 돈을 벌어야 할 상황이었다.

　나는 종잣돈이 없다.
　그런데 돈을 벌어야 한다.
　종잣돈 없이도 투자로 돈을 벌 수 있는 게 부동산이다.
　부동산으로 사업을 해보자!

　수중에 있는 돈 천만 원 중에서 500만 원으로 빌라 보증금을 하고, 나머지 500만 원으로 인천 부평에 있는 30년 된 낡은 빌라를 3,500만 원에 낙찰받았다. 잔금은 예전처럼 대출을 받아서 해결했다. 세월이 지났어도 여전히 적은 돈으로 부동산 투자를 할 수 있는 방법이 있었다.
　물론 아직 학원을 하며 진 빚에 대한 정리가 덜 된 상황에서, 내 명의로 빌라를 낙찰받을 수는 없었다. 나는 우선 친누나 명의로 낙찰을 받았다. 그러나 낙찰을 받은 것만으로는 달라진 게 없었다. 이제 수중에 가진 돈은 없었고, 세입자를 구할 때까지는 당장 생활비가 필요했다.

나는 다시 어학원 강사로 재취업해서 일했다. 실패할 때 자존심도 뭣도 다 버렸지만, 학원 원장을 했던 멘탈이 남아 부평 지역에서는 남의 일을 못할 것 같았다. 그래서 당시 신흥 학원가로 급부상하고 있던 일산 1기 신도시 지역인 마두동에서 영어 강사 일을 시작했다.

나는 비록 학원 경영자에서 학원 강사의 삶으로 돌아왔지만, 내가 완전히 실패했다는 생각을 해 본 적은 없다. 다만, 나는 이것이 내가 원하는 성공으로 향하는 분명한 관문이라는 확신을 가졌을 뿐이다. 사업을 하며 성공으로 가는 길에 어떻게 한 번의 실패조차 없을까? 나는 설령 10번 실패할지라도 다시 도전하겠다는 자세로 뛰어들 준비가 되어있었다.

분명한 것은 내가 기회에 눈을 주시하고 있다면, 언젠가 그 기회가 나에게 문을 다시 열어줄 '타이밍'이 올 거라는 걸 알고 있었다.

기회는 내 생각보다 좀 더 빨리 찾아왔다. 내가 영어 강사를 다시 시작한 지 6개월 뒤인 2008년, 친척 어른으로부터 일을 도와달라는 부탁을 받았다. 당시 종친 당숙 어르신은 건설시행과 시공 설계 쪽 일로 20년 넘게 사업을 하고 계셨는데, 당신이 하는 일을 믿고 맡길 사람이 없어서 종친회를 통해 나에게까지 연락을 해 오신 터였다.

당장은 생활비를 벌어야 했기에 강사 일을 그만둘 수가 없었다. 고민 끝에 오전 8시에서 오후 3시까지만 부동산 일을 배우면서 일을 시작했다. 그때 회사에서는 환지와 체비지 토지를 매각하는 일이 많았는데, 이를 계기로 부동산 일을 배우면서 토지 쪽 일부터 알아가기 시작한 것이다.

내가 처음 맡은 지역은 인천 서구에 있는 개발사업 지역이었다. 지금은 대기업 아파트가 지어진 완정사거리는 당하중학교를 가운데 두고 있는데, 당시만 해도 허허벌판이었다. 이때 토지구획정리를 하면서 건축주들에게 토지매각도 진행하는 일이 핵심이었다.

내가 맡은 쪽은 학교 주변에 200평 정도의 토지를 매각하는 일이었다. 토지를 본 건축주는 곧바로 매입을 결정했고, 다음 날 계약서를 썼다. 내 인생에서 첫 번째 토지 매매계약을 성사시킨 것이다. 그것도 200평 정도 되는 토지를 판 셈이었는데, 이때 경험이 나에게는 큰 충격이었다.

그전까지는 부동산 매입을 하며 억 단위의 큰 금액을 거래해 본 적은 없었다. 당시 땅 가격이 평당 250만 원 정도였는데 총 토지거래가격이 5억 원에 달했다. 중개수수료만 450만 원이 나왔는데 그보다 더 놀라웠던 건 토지를 매도한 사람이 처음 이 땅을 구입한 가격이었다.

부동산,
황금알을 낳는 거위

사례를 들어 보겠다.

보통 땅을 매입했다고 하면 몇십 년 전에 싸게 매입해서 오래 가지고 있을 거라고 생각한다. 그러나 A 매도자는 고작 2년 전에 그 토지를 평당 100만 원도 안 되는 금액으로 구입했다. 이 매도자가 처음 땅을 구입한 가격은 2억 원이었는데 불과 2년 만에 3억을 번 것이다.

그때 부동산 중에서도 토지 거래가 일반 주거용 부동산보다 돈이 된다는 것을 알게 되었다. 부동산 일을 하고 3개월 만에 매도계약을 한 것도 놀라웠지만 이후부터는 더욱 놀라운 일들이 나를 기다리고 있었다.

그날 이후 내가 담당했던 구역을 총 다섯 번에 걸쳐서 1,500평가량 건축주에게 모두 매각한 일대 '사건'이었다.

땅을 처음 매각한 이후 6개월도 안 된 시점에서 거의 한 달에 한 건씩 200평씩 땅을 판 것은 업계에서도 드문 일이라고 했다. 백령도에서 화장품 영업으로 1억이 넘는 돈을 벌어본 경험이 있었기에, 나는 내 세일즈 감각을 다시 한 번 입증할 수 있었다.

이 기간 동안 내가 번 돈은 2천만 원이 넘었다. 원래는 부동산 일을 돕기로 하면서 배우는 단계였기에 월급이 100만 원 정도였는데, 토지계약을 하며 수수료가 붙어서 내 수입은 학원 강사로 받는 월급보다 많아졌다.

난생처음으로 부동산을 통해 돈을 제대로 벌어본 이때의 경험은 나에게 큰 충격과 함께 앞으로 어떻게 부를 쌓아나가야 하는지 알게 해준 일대 사건이었다. 게다가 나는 본업이 따로 있는 상황이었는데도 감사하게 많은 수익을 단기간에 올린 것이다.

그때 강사 월급이 한 달에 400만 원 정도였는데 연봉으로 따지면 4천만 원 정도니…. 그런데 부동산 일은 불과 6개월 만에 연봉의 70%에 달하는 수익이 생겼으니 가히 '부의 추월차선을 달렸다'라고 할 만했다.

지금이 또 다른 부의 리듬을 탈 절호의 기회다!

나는 속으로 이렇게 생각했다. 그리고 이 기회를 절대 놓치지 말아야겠다는 생각 때문에 학원 강사 일을 파트로 바꾸고, 부동산 일에 조금 더 집중하기로 결정했다.

학원 강사 일을 완전히 버리지 못했던 것은, 내 스스로의 능력을 한 번 더 완전히 검증하고 싶었기 때문이다. 섣불리 모든 걸 걸지 않고, 내 능력과 자질을 숙성시켜서 완벽한 실력을 쌓아나가야 한다는 것, 내가 학원을 경영하면서 배운 진리였다.

무엇보다 아직 갚지 못한 빚이 있었기에, 고정적이고 안정된 수입이 누구보다도 절실한 상황이었다. 하지만 정규직 강사에서 시간제 강사로 바뀌면서 월급은 반으로 줄어들었다. 일단 낮에 조금 더 부동산 일에 집중하면서 부족한 수입을 메꿔야 했기에 주말에도 고등부 입시 과외를 뛰었다.
요즘 식으로 말하자면 '투잡', 아니 '쓰리잡'을 뛴 것이다.

이때는 체력적으로, 정신적으로 내게 큰 고통의 시기였다. 아침에 눈을 떠서 정신없이 현장을 돌고, 아이들과 학원에서 지내다 보면 별을 보며 퇴근하는 일상이 반복되었고, 주말에도 일을 끝내고 오면 몸이 녹초가 되었다.
이때는 잘 몰랐지만, 3년이 지난 어느 날 심리 상담사를 찾앉는데 우울증 진단을 받았다. 어쩌면 죽지 않은 게 다행이었는지도 모른다. 하루에 4시간도 안 자고 새벽까지 과외를 했으니 몸이 상하지 않은 것만 해도 다행이었다. 죽도록 일해서 빨리 빚을 갚아버려야 한다는 강박관념에 그나마 자는 쪽잠도 설칠 때가 많았다.

다행히 5억의 빚 중에서 4억을 갚고, 종국에는 채무 변제 절차를 모두 끝낼 수 있었다. 채무자들에게 성실하게 빚을 갚으면 이자를 제외하고 남은 원금 중 일부는 면제해주는 조건이었기 때문이다.

빚더미 속에서 지낸 지난 3년간의 삶은 정말 다시는 생각하고 싶지도 않다. 그건 내가 원하는 삶이 아니라, 어쩔 수 없이 연명하며 살아가야만 하는 삶이었다.

누구에게나 주어진 인생의 시간을 채워가야만 한다는 의무감으로 살았던 것 같다. 하지만 칠흑 같은 깜깜한 어둠 속을 밝히는 것은 환한 온전한 빛이 아니다. 한 줄기 희미한 빛 하나만 있어도 충분히 어둠 속을 헤치고 나올 수 있다.

빚을 갚고 나니 이제는 못할 일이 없을 것 같았다. 목을 옥

죄고 있던 쇠사슬이 풀려나간 기분이었다. 그리고 더 늦기 전에 내 사업의 날개를 펴기 위해 부동산업에 뛰어들어 집중해야 했다.

그렇게 약 3년간의 부동산 영업 경험을 거쳐서, 2011년부터 부동산 분양대행업에 본격적으로 뛰어들었다. 그때 내가 본 기회이자 블루오션은, 당숙의 회사 일을 도우면서 쌓은 경험과 노하우, 그리고 인맥이었다.

나는 이전에 학원 경영을 하면서 사업의 성공은 기회를 보는 눈과 올바른 판단을 할 줄 아는 안목, 그리고 인맥이라는 확신을 지녔었다.

이것은 부동산 분야에서도 정확히 일치했다.

당숙의 회사에서 일을 하면서 쌓은 친분을 토대로 건축주들은 분양 대행 일을 나에게 의뢰해주었다. 이때부터 김포 풍무지구를 시작으로 인천 동양동, 귤현동, 그리고 김포 장기동까지 택지지구에서 분양 대행사로 신축 빌라 분양 대행을 시작했다.

이번에도 나는 한 번에 확실하게 내 퍼포먼스를 보여주었다. 백령도에서 화장품을 팔 때와 처음 토지 거래를 했을 때처럼, 분양업 분야에서도 큰 성과를 낼 수 있었다. 당시 분양 경험이 없던 내가 총 250채 이상의 신축 빌라 분양을 대행했던 것도 업계에서는 전례가 없는 혁신이었다.

　당시 분양 대행 수수료가 호실 한 건 당 적게는 500만 원에서 많게는 1,500만 원까지였던 점을 감안하면, 2년 동안 내가 번 돈은 살면서 그 어느 때보다도 많았다. 고작 1천만 원을 갖고 5억 원 이상의 빚더미였던 신세에서 어느새 20억 원이라는 자산을 만든 성공한 기업가 반열에 올라 있었던 것이다. 평범한 사람이라면 감히 상상도 못 할 돈을 벌면서, 나는 부동산이 황금알을 낳는 거위라는 확신이 점점 더 들었다.

부자가 되는 길에
우연은 없다

여기까지 말하고 나면 보통은 내가 얻은 성취가 순전히 시대적 운을 따랐던 건 아닌가 하고 생각할 수 있다. 물론 2011년 빌라 분양을 할 당시 부동산 시장이 호황을 맞아 시기적으로 운이 좋았던 건 사실이다.

그러나 운도 실력의 일부라는 생각이 든다. 중요한 것은 운을 포함해 내가 부를 얻는 흐름을 타고 있느냐, 아니냐가 더 중요하다. 나는 영업직으로 실력을 쌓으며, 학원 경영을 통해 일찌감치 사업 경험을 익혔다. 돌이킬 수 없는 위기를 맞은 이후에는 내가 하는 사업과 영업, 그리고 세일즈 능력을 조금 더 신중하게 가다듬고 사업에서 성공할 수 있는 타율을 조금씩 높여나갔다.

부자가 되는 길에 우연은 없다는 것이 내 생각이다. 오직 준비된 사람에게만 기회가 열린다. 과거의 '나'보다는, 미래의 '나'

를 위해서 준비해야 한다. 그러기 위해서는 무엇보다도 현재의 '나'에게 더 집중하고 채찍질해야 한다.

2012년부터는 사업 범위를 조금씩 확장해나갔다. 신축 빌라의 경우 실거주자를 위한 부동산이어서 시기를 탔고, 수요가 한정적이었다. 당시에는 오피스텔 붐이 일던 시기여서 시장에는 오피스텔 공급 물량이 밀고 들어오던 시기여서 빌라보다는 수익형 상품인 오피스텔이 조금 더 사업성이 좋겠다는 판단이 든 것이다.

언젠가 읽은 한 책에 이런 구절이 있었다.

"한 분야에 뛰어들 때는 그 분야의 시장 잠재력이 있으면서 대기업이 뛰어들지 않는 분야이면서, 내가 하고 있는 사업의 연관성이 있으면 크게 성공할 수 있다."

나 역시 오피스텔 분양대행업을 통해 이러한 사업의 비전과 전망을 본 것이다.

나의 첫 번째 오피스텔 분양 대행은 경기도 부천 송내역에 있는 역세권 오피스텔로 150세대 규모로 전용면적이 6평이 채 안 되는 작은 오피스텔이었다. 최초 분양가는 1억~1억 2,000만 원 사이로 초역세권이라는 장점 때문에 선분양을 시작한 지 2개월 만에 분양 완판을 기록할 수 있었다.

오피스텔 분양의 경우, 대부분 수익형 부동산이기 때문에 신축 빌라와 달리 입주 시까지 분양 대행을 할 필요가 없어서 시간이 절약되었다. 분양 대행을 빠르게 진행하고 마무리 지을 수 있어 자금회전율 면에서 빌라 분양보다 훨씬 더 유리했다.

첫 오피스텔 분양 대행을 성공적으로 마친 이후 분양 대행업에 자신이 생긴 나는 이후 1년 동안 서울 구로의 구로동과 개봉동, 양천구 목동 등 3개 현장의 분양 대행을 동시에 진행했다. 개별 분양보다 여러 현장을 동시에 진행하는 것이 분양 대행업에서 빠르게 성장하는 길이라고 생각했기 때문이다.

나는 '조인트 사고'라는 말을 좋아한다. 이것은 한 분야에서 얻은 경험으로 비슷한 분야의 성공을 똑같이 접목해 선순환 구조를 만든다는 뜻으로, 쉽게 말해 '사업에 성공을 해 본 사람이 다른 분야에서도 더 잘한다.'라는 도전정신이다.

당시 분양 대행 사업을 여러 곳에서 진행하면서 이 조인트 사고를 통해 한 가지 사업을 추가하게 되는데 바로 학원 경영이었다. 잘 모르는 사람은 '아니, 분양 대행업에서 왜 다시 학원 경영을 할까?'하고 생각하겠지만 나는 분양 대행업의 성공으로 학원 경영을 제3자의 시각으로 보게 되었고, 내가 분양 대행업에서 얻은 노하우와 경험을 학원 경영에 녹이면 다시 성공하리라는 확신을 얻었다.

또 예전 학원 경영 당시의 실패는 내가 극복하고 싶은 또 하나의 도전 대상이었다. 언젠가 돈을 다시 모아서 학원으로 성공해보리라는 생각이 마음 한쪽에 늘 자리 잡고 있었다.

당시 인천시 서구는 1기 신도시 입주가 끝난 직후라서 인구 유입이 어느 정도 이뤄진 상태였다. 나는 시장 조사를 끝내고 바로 학원을 할 사업장을 결정, 300평 규모의 입시학원을 다시 열게 되었다.

이때에는 이미 분양 대행업을 통해 어느 정도 안정된 매출을 유지하고 있었기에 이 사업은 반자동화를 해두고, 학원 경영에 매진할 수 있었다. 나는 시간이 날 때마다 학부모 간담회, 특목고 컨설팅 등 학부모와 학생을 상대로 진학컨설팅을 하며 경영에 참여했다. 그만큼 이번에는 제대로 승부를 보리라는 결심이 강했기 때문이다.

하지만 세상은 결코 성공의 문을 쉽게 열어주는 법이 없다. 이 점을 잘 알고 있었기에 학원사업을 다시 할 때도, 과거의 성공이 쉽게 재현될 수 없다는 걸 알고 있었다. 또한 분양 대행업도 부의 리듬을 유지하려면 끊임없이 내가 흐름을 타는 것이 중요했다.

물론 이 시기에도 나는 크고 작은 실수를 반복했다. 성공에 대한 열정이 지나쳐 과도하게 부린 욕심에 화를 입은 적도 있었다.

분양 대행의 경우, 여러 곳을 동시에 진행하면서 한동안 좋은 성과를 냈던 것이 일순간 상황이 꼬인 적도 많았다. 동시 분양을 진행하는 데 필요한 인건비와 기타 비용은 예측했던 부분이어서 크게 어려움은 없었다. 예전 학원 경영 시절처럼 비용의 압박으로 사업에 타격을 입지 않는 법을 터득했기 때문이다.

문제는 서울에서만 3군데 분양을 동시에 진행하다 보니 한 지역의 분양 속도가 늦어지면 비용 지출이 생각보다 많았던 점이다. 분양이라는 것이 그때그때 진행 속도가 달라지는데 그에 따른 비용 변수를 예측하기 어려웠다. 이 때문에 분양사업의 운영이 버거운 상황이 된 것이다.

지금은 거의 사라진 관행이지만, 당시만 해도 분양 대행업을 맡으려면 시행사와 분양 대행 계약을 진행하는데, 이때 공탁금이라는 조항이 있었다. 이 공탁금은 분양 물건별로 금액이 달랐지만, 100세대 미만인 경우에는 2억 이하, 300세대 미만인 경우 5억 원 이하로 정해졌다.

그런데 3군데를 동시에 분양하다 보니 이 세대수를 합쳐 약 500세대 정도를 진행하려면 공탁금만 10억이 들어가는 상황이었다. 공탁금은 기본적으로 분양 완판을 하면 돌려받는 것이 조건이지만, 3개월에서 길게는 6개월까지 분양 현장에 묶여 있어서 자금 압박 요인이 되었다.

절대 한 우물만
파지 마라

2013년은 기억에 남는 해였다. 동시 분양을 진행하는 1년간 분양률이 50% 미만으로 떨어지는 상황으로 큰 위기를 맞게 되었다. 애초 분양 목표보다 30%가 떨어진 상황이었고, 이로 인해 공탁금이 1년간 묶이는 상황이 된 것이다.

지금도 그렇지만 당시만 해도 분양 대행 계약서에 분양 대행사의 목표 판매율이라는 것이 있었고, 만약 목표를 미달할 때에는 분양 대행 수수료도 50% 미만으로 청구하도록 명시되어 있었다.

그야말로 갑의 횡포가 지금보다 엄청 심할 때였다. 하지만 당시에는 부동산이 워낙 호황기였기 때문에 분양 대행 업종에서는 한편으로 당연한 관행처럼 여겨졌던 부분이다.

사실 분양 목표율이 50%도 안 되었던 이유는 따로 있었다. 시행사나 시공사 설계 변경 등으로 인한 사유가 대부분이었다.

지금은 책임준공이라는 제도가 있지만 당시에는 이런 제도가 없었고, 금융권에서도 건설 경기가 호황일 때라 시행사 부도에 대비하는 이러한 책임준공 제도에 대해 강요하거나 제재하는 상황도 아니었다.

판매와 경영만 잘하면 해결되는 것이 아닌 상황. 즉 외부 변수에 의해 사업이 흔들릴 위기에 처한 것이다. 구로동 현장의 경우, 시행사가 부도가 나는 바람에 시공사가 공사를 멈췄고, 목동은 시행사와 시공사의 설계 변경으로 분양 승인이 나지 않는 상황에서 대행이 연기되는 지경에 이르렀다.

하루하루 피가 마르는 상황의 연속이었다. 분양업의 특성상 시간이 곧 돈인데, 직원 월급과 사무실 유지비용 등 고정비는 계속 나가고 있었고, 공탁금 10억이 묶인 상황에서 수입은 제로였다. 비용 지출이 계속되는 상황을 더는 감당할 수 없는 한계까지 왔다.

그 와중 다행이었던 점은 학원 원생이 꾸준히 늘면서 개원 1년 만에 수강생이 200명 규모로 성장했던 점이다. 강사 인건비와 임대료 비용을 제외하고 월 수익이 300만 원 정도가 맞춰져 빚을 지지 않아도 되었다. 만약 내가 학원업으로 사업 리스크를 분산시키지 않고, 분양 대행업에만 모든 것을 걸었다면 두 번째 파산을 맞았을지 모를 일이었다.

그때 학원 사업을 병행한 것은 나에게 일종의 선견지명에 해당하는 일이었다.

혹자는, 2030세대에게 성공하려면, "한 우물만 파라"고 얘기한다. 절대 그렇지 않다! '狡兎三窟(교토삼굴)'이라 했다. 현명한 토끼는 세 개의 굴을 파 둔다. 마찬가지로 한 우물만 파면 안 된다. 여러 개 파 두어서 만일의 위기에 대비하고 성공 확률을 높여야 한다.

기업이 성장하면서 계열사를 늘리고 새로운 사업 분야에 뛰어드는 이유가 무엇일까. 기업과 개인은 다르다고 생각하는가? 절대 아니다!

"한 우물만 파면 절대 안 된다."

"반드시 자신이 경험한 사업 분야, 특히 실패해 본 사업이라면 다시 도전해봐야 한다."

그래도 분양이 계속 연기되는 것만은 막을 수 없었다.

결국 고정비가 계속 늘어나는 상황을 버티지 못하고 주변에 돈을 빌리러 다니기 시작했다. 주변에서는 분양 대행업과 학원 사업을 하며 큰돈을 버는 줄 아는데, 정작 내 입장에서는 발등에 떨어진 불을 끄기 위해 대출에 목을 매야 하는 상황이었다.

그마다 다행이었던 건 오류동 분양 현장 실적이 조금씩 올랐다는 것. 하지만 1개 현장의 실적만으로 이 사업을 계속할 수 있을지는 확신할 수 없었다. 그렇다고 가만히 앉아서 손가락만 빨 수는 없는 노릇이었다. 어떻게든 현재 상황을 타개해 나가야 했다.

사무실에 가만히 앉아서 내가 할 수 있는 일을 생각해보았다. 우선 불필요한 비용부터 줄이는 게 순서인 것 같았다. 가장 먼저 줄일 수 있는 비용은 인건비였다. 고정적으로 나가는 월 급여 직원에게 사정을 얘기하고, 퇴사를 권했다. 공백은 파트타임 직원으로 대체했다. 내가 할 수 있는 일은 직접 하기로 했다.

또 사무실 규모도 조금 더 줄여 10평짜리 작은 사무실로 옮겼다. 당시로서는 분양 대행업의 수익을 전혀 가져갈 수 없는 상황에서 내 생활비는 어떻게든 벌어야 했다. 불행 중 다행인 점은 학원이 계속 성장 중이라는 사실이었다. 결국 이때 상황을 타개하기 위해 학원 사업에 집중하기로 했다.

위기 때일수록 내가 잘할 수 있는 것에 집중하면, 큰 피해를 면할 수 있다.

낮에는 분양 대행 업무를 하고 오후부터 자정까지 고등부 수업을 맡아서 진행했다. 처음 강사를 하며 분양 대행 업무를 배울 때와 같은 생활이었다. 그렇지만 절대 이것을 퇴보라고 여기지 않았다. 지금 나는 내 인생의 정상으로 가는 두 번째 산을 오르고 있는 셈이다.

이렇게 6개월 정도 학원 일과 분양 대행 일을 병행하면서 '버티고 보니' 조금씩 만회할 기회가 생겼다.

구로구 오류동 현장을 100% 완판시키고 나머지 현장에서도 시행사와 시공사 문제가 해결될 기미가 보였다. 공탁금 반환은 결국 민사소송으로까지 이어져 회수하기까지 시간이 걸렸다. 생활도 크게 나아진 것은 없었다. 하지만 오류동 현장 분양을 끝내고 받은 1억으로 숨통을 트일 수 있었다.

이 와중에도 빚은 계속 갚아야 하는 신세였다. 빚으로 떼어 준 돈 5천만 원을 제외하고, 이제 남은 돈 5천만 원으로 어떻게든 버텨야 했다. 솔직히 말하면 이때에는 정말 숨이 턱 끝까지 차오를 정도로 힘든 상황으로, 나처럼 열정적인 사람도 '포기할까'라는 생각을 수백 번씩 할 정도였다.

나는 생각했다. 고통은 공평하다. 성공으로 가는 여정의 힘들고 고통스러운 과정을 내가 더 쉽게 통과하거나 피할 수 있는 방법은 없다. 오직 이것을 정통으로 받아들이고, 견디고, 이겨내는 것밖에는 달리 수가 없었다.

세상에 피할 수 있는 시련은 없다. 시련이 왔을 때는 그것을 받아들이고 거기서 교훈을 배우는 것이 최선이다.

항상 제일 먼저
실리를 따져라

그러던 중 2014년, 인천에 있는 한 대형 프랜차이즈 어학원에서 원장으로 스카우트 제의를 받게 됐다. 다시 어학원을 경영하는 일로 돌아가야 할지 고민을 오래 했다. 내 인생의 갈림길이라는 것이 분명하게 느껴졌다.

하지만 지금은 버티는 것이 더 중요한 시기라고 생각했다. 당시 우리 어학원은 성장은 하고 있었다. 하지만 비용을 제외한 나머지 수익이 너무 적었고 내가 직접 강의를 해야만 월급을 가져가는 구조라서 밤늦도록 강의를 해야 겨우 월 500만 원을 가져갈 수 있었다. 그러다 보니 건강도 많이 나빠진 상태였다.

다행스럽게도 당시 운영을 담당하던 부원장이 학원 인수 의사를 밝혀 부원장에게 학원을 넘기고, 개인 학원 사업은 완전히 정리를 했다. 이제는 새로 맡은 어학원 경영에만 몰두하고, 사업을 키워보자는 생각이 들었다.

내가 메이저급 프랜차이즈 어학원 원장으로 일한 건 2014년 무렵이었다. 당시 재원생은 500명 규모로 일반 학원에 비해 상당히 컸지만, 어학원이 1~8층을 전부 쓰고 있던 점을 감안하면 효율이 상당히 떨어진 상황이었다. 규모 1,600평 정도의 어학원을 꽉꽉 채우려면 조금 더 공격적인 학원 영업이 필요했다. 만성 적자 구조를 순이익으로 돌리는 것도 시급한 과제였다.

이미 앞서 학원 경영을 해봤던 나는 이제는 어떻게 해야 학원을 살릴 수 있을지 전략을 세울 수 있었다.

학원 운영 상황을 전체적으로 점검해보니, 우선 학생 대비 원어민 강사 비율을 대폭 줄였다. 그렇게 한 이유는 원어민 강사가 인건비에서 차지하는 비중이 높았기 때문이다.

일반적으로 어학원에서 원어민 강사 고용 비율은 학생 100명당 1명 정도가 적당하다. 하지만 당시 학원은 원어민 강사 비율이 50명당 한 명꼴로 적자 구조였다. 원어민 강사비는 월 평균 250~300만 원 선이지만, 월세나 보험, 항공권 등의 제반 비용을 합하면 강사 1인당 한 달에 400만 원 정도의 고정비가 지출된다. 당시 학원 상황은 원어민 강사 인건비에 일반 어학원보다 2배나 더 많은 비용을 지출하고 있었던 셈이다.

그다음으로 손을 댄 것이 학원 커리큘럼이었다. 보통 프랜차이즈 어학원은 본사의 교재 진도 상황이나 커리큘럼을 그대로 따르는 것이 일반적이다. 하지만 나는 이것을 완전히 바꾸어 지역 학원 학생 수준과 학부모 니즈를 고려해 커리큘럼을 대폭 수정했다.

단순히 교재의 진도를 맞추는 수준에서 벗어나 영어 쿠킹 클래스라든지 스포츠 동영상 클래스 등 학원생의 눈높이에 맞는 내용으로 구성한 것이다.

이와 함께 특목고 맞춤형으로 컨설팅을 한 경험을 살려 학부모 설명회와 간담회를 진행한 것도 차별화 포인트였다.

이렇게 특목고 진로·진학 컨설팅을 통해 학원 커리큘럼을 맞춤형으로 바꿔버린 것이다. 일반 학원과 차별화되는 포인트를 둠으로써 대형 학원으로서의 시스템을 맞춤형으로 바꾸자 학원 원생은 급격히 늘기 시작했다.

그 당시에는 진로·진학 또는 입시 컨설팅이라는 것이 보편화된 교육 시스템은 아니었다. 대치동이나 목동 등 특수지역에서 입시 시즌에만 진행하는 소위 '시즈널 교육상품'이었다. 나는 지난 10여 년간의 교육시장 트렌드를 경험하면서, 앞으로 4~5

년 안에 공교육이든 사교육이든 진로·진학 시스템이 정착할 것이며, 이에 앞서 커리큘럼을 대비해야 한다는 필요성을 느꼈던 것이다.

그런 선구자적인 혜안이나 노력 때문이었을까. 아니면, 교육시장에 일찌감치 발을 들여놓은 책임감 때문이었을까. 교육시장을 떠난 지 어느덧 약 5년이 지난 지금도 진학 컨설팅 및 대학교 진로 진학 강의 요청이 들어오면 강사료가 얼마든 바쁜 일정을 쪼개서라도 기쁘고 설레는 마음으로 강의하고 있는 내 모습을 마주하게 되니 말이다.

프랜차이즈 사업은 PC방 가맹사업이든 학원 가맹사업이든 오로지 초점이 '이윤'에 맞춰져 있다. 물론, 사업의 본질이 '최대 이윤을 남기는 것'이라는 것은 당연하다. 하지만, 가맹본사의 이윤을 위해서 가맹점의 희생을 강요해서는 절대 안 된다고 생각한다.

그 당시 메이저 프랜차이즈 어학원 원장으로 본사 경영방침을 완전히 배제하고 독자적인 학원 시스템만을 고수할 수 없는 상황. 본사 경영방침을 따르되 지역 내에서 인지도 있는 학원 시스템을 만들기 위해 고민을 거듭했다. 그때 적용한 학원 자체 시스템 중에서 재미있는 일화를 소개하고자 한다.

늦여름이 지났지만, 아직은 에어컨 냉기가 필요한 초가을 저녁 무렵 상담부서에서 학부모 상담 요청이 들어왔다. 대부분 신입 및 재원생 등록 상담은 상담실장님 또는 상담팀장님이 담당하는데 반드시 원장 상담을 요청한다는 메모 요청에 학부모 미팅을 시작했다. 40대 중반의 어머님이 중학교 2학년 학생과 함께 상담실로 들어오셨다.

이 학생은 인천 소재 중학교 축구부 학생이었고 얘기를 더 들어보니 국내 축구부가 아닌 영국 첼시FC 소속 한국 파트너십 축구부라고 했다. 첼시FC 구단과 교환프로그램을 통해 국내 중학교 유·소년부 축구 인재를 발굴해내는 목적으로 국내 중학교와 자매결연을 맺었다는 것이다.

함께 참석하신 어머니는 축구부 학부모회장을 맡으셨고 자녀의 진로 진학 상담을 위해 원장 상담을 특별히 요청하셨다. 30분 정도 어머님과 학생 상담을 진행하고, 일주일 안으로 다시 상담하자는 미팅을 잡은 후 상담을 마쳤다.

그날 퇴근 전 나와 원어민 헤드강사, 교수부장을 포함한 3명이 마라톤 회의를 진행했다. 상담 시 학부모 요청사항은 이러했다. 첼시 축구부 학생은 중학교 1·2학년으로 대략 25명 정도였고. 매일 오후 6시까지 운동을 하고. 학원 수업은 7시가 돼서야 가능하다는 것. 그런데 더 심한 것은 25명의 어학 레벨이 천차만별이란 것. 레벨 수업이 특징인 프랜차이즈 어학원에서 과연 각자 레벨이 다른 축구부 학생들에게 맞춤식 영어 수업이 가능할까. 2시간 넘는 회의 끝에 답을 찾았다. 바로, 첼시 축구부 학생들만을 위한 새로운 반을 만들고, 그 반을 위한 맞춤식 커리큘럼을 별도로 구성하자는 것.

운동선수를 희망하는 대부분의 학생들이 그렇듯이 축구부 학생들도 교과목 진도를 따라갈 수가 없다. 그렇다고 교과목을 포기할 수도 없고, 더욱이 첼시FC는 교환프로그램을 통해 1년에 2번 영국 현지에서 교육 프로그램을 이수해야 한다. 따라서 다른 과목은 몰라도 영어만큼은 포기할 수 없는 교과목이었다.

월, 수, 금, 일주일 3번. 하루 3교시 수업. 중간 및 기말시험 시즌에는 영어교과목 내신 수업 진행. 그 이외는 원어민과 축구 동영상 시청 및 프리토킹 수업 진행.

만약, 프랜차이즈 본사 경영 시스템을 고집하고 커리큘럼을 적용하고자 했다면, 첼시 축구부 수업은 생각도 못했을 것이다. 물론, 축구부 학생들의 호응과 영어성적은 놀랍고도 빠르게 성장했고. 이 사건으로 나는 매년 개최되는 전국 150여 개 메이저 프랜차이즈 어학원 컨퍼런스에서 최우수 원장으로 감사 표창도 받게 되었다. 프랜차이즈 본사 경영방침을 따르지 않았는데. 프랜차이즈 본사로부터 감사 표창을 받다니. 정말 아이로니컬하지 않은가?

사고의 틀을 벗어나야 한다. 고객이 누구인지 분명히 알고, 제공하는 상품의 본질을 벗어나지 말되, 내가 고객이라는 마음으로, '불가능한 것이 아니라 시도하지 않은 것'이라는 사실을 빨리 깨달아야 한다. 그것이 가장 중요하다.

그때부터 신기한 일이 벌어지기 시작했다.

어학원에서 얻은 경영 노하우를 분양 대행업에 적용하고, 분양 대행업에서 터득한 경영 방침을 어학원에 접목했더니 두 사업이 모두 잘 되고 성장하기 시작한 것이다.

1년 뒤에는 한 달 평균 신입생이 많을 때는 200명 이상 늘었고, 학원 전체 학생 수는 1,500명으로 늘어 엄청나게 큰 폭으로 성장했다. 이것은 단지 어학원 시절의 경험을 살린 것에서 더 나아가 내가 분양 대행업을 하며 인력을 최대한 효율적으로 구축한 경험을 통해 알게 된 노하우였다.

나는 마케팅 공부를 정식으로 한 사람이 아니지만, 훗날 이것이 마케팅 이론에서 말하는 '피드백 루프'라는 것을 알았다. 즉, 두 가지 영역이 서로 좋은 영향을 주고받으며 함께 성장한다는 뜻이다.

2014년에는 어학원 원장을 계속하면서 부동산 분양 대행업을 병행했다. 비록 규모는 다소 축소되었지만, 내실을 더 탄탄히 다져나갔다. 대행업 직원은 30명에서 3명으로 줄고, 모두 아르바이트였지만 마음은 훨씬 더 편했다.

종전에는 분양 대행을 전문적으로 했다면, 이후부터는 부동산 투자 컨설팅 업무로 특화시켰다.

그러던 중 우연히 기회가 찾아왔다. 2013년 분양 대행 관련으로 진행했던 민사소송에서 법원 판결을 통해 공탁금 문제가 해결된 것이다. 비록 전액이 아니라 반만 돌려받게 된 것이지만, 자금난을 겪던 내게는 희소식이었다.

이때 돌려받은 5억 원을 가지고 밀린 빚을 갚고 이자를 정리하니 수중에는 1억이 남았다. 그렇다고 10억 중 돌려받지 못한 나머지 공탁금 5억 원을 포기했던 건 아니다. 이것은 법적 절차를 통해 회수하고자 했기에 시간의 힘을 믿어보기로 했다.

부의 리듬을 타며 배웠던 법칙 중 하나는 초조해하지 않고 시간의 기다림으로 문제를 해결하는 법이다. 하지만 목적과 행동이 없는 '막연한 기다림'은 절대 아무 의미가 없다. '기다림' 속에는 반드시 '성공'을 위한 끝없는 '고민'과 처절한 '싸움'이 있어야 한다.

N잡을
두려워하지 말라

요즘 'N잡러'라는 신조어가 있다. 사전적 의미를 찾아보면 다음과 같다.

"2개 이상 복수를 뜻하는 'N'과 직업을 뜻하는 'job', 사람을 뜻하는 '~러(er)'가 합쳐진 신조어로 '여러 직업을 가진 사람'이란 뜻."

그런데 요즘 20~30대 N잡러를 보면서 가끔 말문이 막힐 때가 많다. N잡러의 정의는 차치하고라도, 자신이 경험해보지 않고 무조건 돈이 된다는 정보만으로 여러 직업에 뛰어드는 사람들이 너무 많은 것이다.

N잡러는 반드시 내가 경험한 분야. 또는 내가 경험하지는 못했지만, 공부하고 연구해서 어느 정도 그 분야에 대한 인식이 된 상태에서 시작해야 한다는 것을 명심했으면 한다.

문제를 당장 해결하려고 애쓰지 않고 기다리면서 인내하자 좋은 일들이 하나둘씩 결실을 보였다. 어학원은 꾸준히 성장을 이어가 당시 인센티브를 포함해 한 달에 약 1천만 원가량의 급여를 받게 되었다.

1년 동안 세무서 신고 금액이 1억 원이 조금 넘었으니 샐러리맨으로는 남부러울 게 없었지만, 사업을 했던 내 입장에서는 이제 다시 일어설 시기라는 판단이 들었다. 그러나 나는 전처럼 조급해하지 않고 때를 기다리는 마음으로 하루의 업무에 최선을 다하며 기회를 엿봤다.

그리고 머지않은 시기에 기회는 또 다시 찾아왔다. 당시 적자에 허덕이던 어학원을 맡은 지 1년 만에 1,500명 이상의 원생이 모인 대형 학원으로 성장시키면서, 나는 본사로부터 경영 능력을 인정받았다.

이때 교육법인 이사장님께서 계열사 중 하나인 특목고 입시 학원을 경영해보면 어떻겠냐고 제안해주셨다. 비록 프랜차이즈 학원은 아니었지만, 어학원과 입시학원의 장점을 결합한 커리큘럼으로 시너지 효과를 발휘하면 승산이 있으리라고 생각했다. 나는 이사장님의 제안을 수락했다.

앞서 언급한 '피드백 루프'가 이번에도 정확히 작동했다. 특목고 스타일의 맞춤형 교육 프로그램을 실제 특목고 입시학원에 적용하자 수강생은 나날이 늘었다.

결국 이 학원 또한 맡은 지 6개월 만에 원생 300명 규모로 성장시키고, 어학원 프로그램 및 특목고 입시 프로그램을 접목시켜 2,000명 정도의 초대형 교육법인으로까지 성장하기에 이른다.

그때 주변 사람들이 했던 얘기가 아직도 기억에 남는다.

"기존 어학원에서 시도하지 않는 경영을 하시는데, 성공하는 걸 보면 경영에 타고나신 것 같아요."

그러나 나는 알고 있다.

타고난 것이 아니라 쓰디쓴 경험으로 배운 것이다. 만약 내가 앞서 학원 경영에 두 번 실패하지 않았다면, 그리고 분양 대행업을 경험하지 못했다면 아마도 그 일은 이룰 수 없었을 것이다.

사람은 세월이 흐를수록 성장한다. 사업도 마찬가지다.

‘지옥의 나락으로 떨어져 본 사람만이 지옥의 고통을 알 수 있고. 실패해본 사람만이 쓰디쓴 맛의 진정한 의미를 알 수 있듯이’ 추락도 실패도 ‘성공을 위한 하나의 과정’이라는 것을 명심하기 바란다.

또 하나 명심해야 할 것은 바로 ‘월급 받는 만큼만’이라는 마음가짐을 완전히 버려야 한다. 학원 원장으로 일하면서 나는 단 한 번도 ‘월급쟁이’라는 생각을 해본 적이 없다. 수강생 인센티브를 떠나서, 월 500만 원 이상의 월급은 출퇴근만 잘해도 보장된 수입, 바로 고정급여다.

소위 말하는 ‘열정페이’라는 용어를 생각할 필요도 없고. 내가 일하고 있는 일이 “앞으로 10년 후에도 존재하는가?”라는 추상적 생각도 필요 없다. 어떤 일이든 지금 하고 있는 그 일이 ‘하늘이 준 직업(천직)’이라는 생각을 지니고 일하면 된다.

하늘이 준 직업(천직)은 ‘태어나서 죽을 때까지’가 아니다. 당신의 직업을 아직 ‘천직’이라고 생각하지 않아도 상관없다. 단순한 시간의 개념과 돈이라는 ‘월급’의 한계를 넘어설 때, 그때가 비로소 ‘천직’이 되는 것이다.

지금 당장의 월 급여, 연봉에 얽매이지 말고. 앞으로 5년, 아니 10년 뒤 내가 독립해서 사업을 한다는 생각으로 일한다면 '돈에 맞춰 일하는' 것이 아니라, '돈을 넘어 일하는' 것. 바로 '소명'이 되는 것이다.

어학원을 맡아서 성장시키며 부동산 분양 대행업 역시 경매 쪽으로 분야를 옮기게 되었다. 2014년에 어학원장으로 일하면서도 틈틈이 화곡동과 신월동 등 서울 지역 빌라 경매물건을 주시하면서 기회를 노리고 있었다.

그러다가 마침 기회가 찾아왔다. 2014년 11월, 화곡초 부근 전용면적 18평에 방 3개짜리 빌라가 경매로 나온 것이다. 10년이 넘은 구옥이었지만 화곡시장과 화곡역을 도보로 갈 수 있어서 입지가 좋았다. 나는 망설임 없이 바로 경매에 들어갔다.

이 빌라의 최초 경매 가는 1억 5천만 원. 빌라는 아파트와 달리 한 번에 낙찰되는 경우는 거의 없다. 보통 2회 차에 진입하는 것이 일반적이다. 나는 현장답사와 주변 지역 전·월세 가격과 매매가격을 조사하는 등 소위 '임장 활동'을 진행했다.

보통 경매는 회차별로 처음 경매가의 15~30% 안쪽으로 경매가가 내려간다. 하지만 실제 경매에 나온 빌라 물건의 경우 2회차에는 낙찰도 잘 안 될뿐더러, 3회까지 가는 경우가 대부분이다.

하지만 이번 물건의 경우는 역세권과 학세권을 모두 품고 있어서 매물치고는 장점이 많았기에 2회차에 낙찰이 되리라 예상했다.

임장으로 발품을 팔면서 조사해보니, 주변에 같은 면적 빌라 전세가가 1억 2천만 원대에 형성되어 있었다. 임대차 수요는 넘치는 상황이었다. 장점은 또 있었다. 준공 연도가 비슷한 구옥의 매매가가 1억 7천만 원 내외였는데, 주변 신축 빌라 가격이 2억 원대 초반에 형성되어 있었던 셈이다.

어떻게든 2회차에 낙찰을 받아야 하는 상황이었다. 그래서 나는 경매에서 금액을 1억 2,590만 원으로 금액을 조금 세게 쓰고, 1순위로 낙찰을 받았다. 어떻게 보면 과감한 투자였다.

주변 전세가가 최대 1억 3천만 원 선이었는데, 전세가보다 살짝 낮은 금액으로 입찰했기 때문이다. 나는 입찰 전에 아예 1억 2,900만 원 정도를 가격으로 쓸까 고민했지만, 명도비용과 낙찰 후 세금 문제까지 감안하면 1억 2,600만 원이 적당하다고 판단했다.

나중에 알게 된 사실인데, 2순위 낙찰가가 1억 2,500만 원이어서 내가 쓴 금액과 단돈 90만 원 차이였다. 경매는 이렇듯 아슬아슬한 금액 차이로 당락이 결정되는 경우가 많아 낙찰자 발표 시 희비가 엇갈린다.

낙찰받고 보니 내가 빌라 경매를 다시 시작한 게 7년 만이었다. 7년 전만 해도 얼떨결에 낙찰을 받았던 것이, 이제는 풍부한 사업 경험이 더해져 전략적으로 입찰을 하는 노하우가 생긴 셈이다. 그래서 세상살이에는 '절대'라는 말을 해서는 안 되는 모양이다. 재테크 수단으로 한 번 수익을 맛본 빌라 투자를 다시 하게 될 줄은 생각도 못했기 때문이다.

아무튼 7년 만에 경매 낙찰을 성공시키고, 본격적으로 세입자 맞추기 작업에 돌입했다. 경매는 공매와 다르게 낙찰금액의 10%를 납부하고, 2~4주 사이의 잔금 납부 기간이 있다. 세입자가 없으면 낙찰을 받은 이후라도 금액을 맞출 수 없기 때문에 빠르게 진행해야 한다.

공매의 경우 낙찰 확정 후 바로 다음 날 잔금을 내야 하지만 경매는 그렇지 않다. 그리고 이런 경매의 특성이 적은 투자금으로 많은 곳에 투자해야 하는 내게는 매력적이었다. 경매로 1억을 투자하려 했지만, 잔금 대출을 이용하면 1억으로 빌라 3채까지는 낙찰받을 수 있었다.

잔금 납부기일까지 남은 1개월 동안 세입자를 맞추면 초기 투자비용을 조금 더 줄일 수 있었다. 당시가 1월경이라 이사 비수기로 세입자를 찾기 어려운 상황임에도 입지가 워낙 좋아 곧바로 세입자를 찾을 수 있었다. 낙찰받은 지 2주 만에 계약을 완료했다.

게다가 전세가는 낙찰가보다 1천만 원 더 높은 1억 3,500만 원으로 계약을 맞출 수 있었다. 대신에 인테리어 등 리모델링을 해주는 조건이었다. 주방과 욕실, 벽지 등을 리모델링하는 데 약 450만 원 정도가 들었다. 이를 투자 관점에서 정산해 보면, 빌라 경매에 실제 투자한 금액은 경매 대금의 10%인 입찰금액 1,260만 원과 리모델링 비용 450만 원, 취득·등록세 125만 원가량으로 약 1,800만 원 정도였다.

게다가 낙찰 이후 세입자를 빨리 구한 덕에 대출 없이 소유권이전등기까지 마무리했다. 이후 리모델링 비용과 세금을 제하고도 300만 원을 벌었으니 성공적인 투자를 한 셈이었다. 이후에도 같은 방식의 투자를 이어나갔다. 그 후 1년간 강서구 발산동, 신월동에 각 1채씩, 신정동에 1채 이렇게 총 3채의 빌라를 낙찰받고, 이 중 3채를 대출 없이 전세로 맞추었다.

양천구 신정동에 낙찰받은 빌라의 경우 경락잔금 대출 70%를 받고 월세로 세입자를 구했다. 이렇게 빌라 4채를 투자하는 데 들어간 초기 금액이 1억 원이 채 안 되었으니 지금 생각해 보면 투자 점수로는 100점이었다. 그 당시에는 지금처럼 빌라 경매시장이 과열돼 있지 않았던 터라 그런 투자가 가능했다.

고수의 부동산 경매
투자 노하우

분양 대행업부터 경매까지, 다양한 분야의 부동산 투자를 경험한 내용을 바탕으로 최근 3년 전부터는 강연과 스터디도 진행하고 있다. 간혹 경매 강의를 통해 수강생들 상담을 받다 보면 그때처럼 1억으로 빌라 4채를 투자할 수 없는지 질문하는 사람도 있다.

아쉽지만 지금은 그런 투자가 불가능하다. 내가 경매에 한창 투자했던 2015년에는 경매시장이 그만큼 덜 치열했다. 하지만 아무리 경기가 호황이어도 낙찰받는 건 쉬운 일은 아니다. 경매에 참여하는 사람의 마음이 다 똑같기 때문이다. 내가 찍은 물건을 낙찰받고자 하지만, 남들과 같은 방식으로 투자하면 똑같은 결과를 얻을 수밖에 없다.

이쯤에서 이 책을 읽는 독자들을 위해 한 가지 팁을 주고자 한다.

부동산 경매 투자는 어떻게 하는 것이 좋을까?

나는 경매 투자의 성공 노하우를 3가지로 정리할 수 있다.

첫째, 경매를 통해 투자할 때는 해당 물건을 분석하는 것도 중요하지만, 반드시 발품을 팔아야 한다.

이러한 임장 활동 없이 투자를 하면 반드시 실패하는 것이 경매다. 사실 이러한 임장만 제대로 해도 낙찰을 받을지 말지에 대한 합리적인 판단이 가능한데, 의외로 경매 투자를 하는 사람들 중 임장 활동을 생략하는 경우가 많다.

둘째, 사소한 점 하나까지 꼼꼼하게 확인해야 한다.

어떤 사람은 경매는 공매와 다르게 법원에서 모든 권리를 말소시켜주기 때문에 무조건 믿어도 된다고 생각하는 사람도 있다. 그런데 이것은 위험한 생각이다. 영화 〈악마는 프라다를 입는다〉의 명대사도 있지 않은가.

"악마는 디테일에 숨어 있다."

경매는 사소한 점 하나도 놓치지 말고 꼼꼼하게 체크해야 한다.

셋째, 낙찰받는 게 목표가 아니라는 점을 기억한다.

낙찰을 받으면 모든 사람이 좋아한다. 마치 낙찰이 곧 돈을 번 증거라도 되는 것처럼 행동한다. 그러나 낙찰이 아무리 좋아도 가격이 맞지 않으면 돈을 잃는 경우가 많다. 자신이 써낸 금액과 맞지 않으면 아무리 물건이 좋아도 놓아주어야 하는 법이다. 경매를 하면서 낙찰을 오래 못 받는 사람 중 간혹 입찰가를 무조건 높게 잡는 사람도 있는데, 그것만큼 어리석은 일도 없다. 지금도 법원 경매에 가면 10명 중 3~4명이 이런 사람들이다.

빌라는 언제까지 들고 있어야 할까?

만약 이 글을 읽는 사람이 나라면, 앞서 언급한 빌라를 언제까지 투자할까? 이 판단을 정확히 할 수 있는 사람이 경매에서 돈을 번다. 나는 빌라 4채 중에서 3채를 낙찰받은 후 2년 뒤인 2017년에 매각했다.

물건별로 번 돈은 각각 달랐지만, 낙찰가의 40%를 번 것도 있고, 100%까지 번 것도 있다. 화곡동 빌라의 경우 1억 3천만 원에 낙찰받아서 1억 8천만 원에 매매했고, 우장산 빌라는 1억 2천만 원에 낙찰받아서 1억 7천만 원에 매각했다. 신정동 빌라는 1억 5천에 받았는데, 무려 7천만 원이 오른 2억 2,000만 원을 받고 팔았다. 신정동 빌라를 빼고 빌라 1채당 순수익은 4~7천만 원가량이다.

그런데 내 주변 사람들한테 이렇게 말하면 다들 반응이 똑같다.

"엇, 근데 빌라는 사면서부터 떨어진다고 하던데…."
빌라는 아파트보다 투자가치가 떨어지니까 절대로 사면 안된다고 생각하는 것이다. 그러나 이건 빌라 투자 경험이 없거나, 경매를 제대로 배우지 못한 사람이 하는 얘기다.

나는 오히려 반대로 생각한다.
모두가 안전하다고 생각하는 아파트 투자에 덥석 뛰어들어 낭패를 보는 일도 허다하다. 아파트 투자가 시세차익이 높다는 이유로 묻지마식 투자를 했다가 팔지도 못하고 손해를 보는 일도 많이 봤다. 이래저래 부동산 투자는 안목과 끈기, 그리고 소신의 문제인 것 같다.
그동안 부동산 투자와 관련해 내가 경험으로 깨달은 원칙을 말해보자면 다음과 같다.

☑ 귀가 얇은 사람은 절대 경매하지 마라.
이것은 정말 중요한 얘기다. 경매는 큰돈이 오가며 필요에 따라서는 대출을 받기도 해야 하는 금융 투자다. 말 한마디에 마음이 흔들리는 사람은 피 같은 돈을 잃을 수 있다.

☑ 자신만의 투자 원칙을 지켜라.

당신이 경매 투자를 할 때 시장 상황이 좋을 수도 나쁠 수도 있다. 호황기라면 구매에 신중해야 하며, 불황일수록 조금 더 과감한 투자가 필요하다. 투자는 심리이기 때문에 사람들이 느끼는 것과 반대로 움직여야 한다. 호황기일 때는 한 발 물러서야 하고, 불황기일 때는 좋은 물건을 저렴하게 구할 수 있다.

이렇듯 시장 상황에 맞게 유연하게 대처하려면 반드시 나만의 투자 원칙이 있어야 한다.

마지막 룰이다.

☑ 반드시 현장에서 답을 찾아라.

아무리 좋은 컨설턴트가 옆에 있고 탁월한 부동산 지식을 갖고 있더라도 현장의 디테일을 놓치면 투자는 실패로 이어진다. 이런 위험을 막기 위해서는 물건의 종류에 관계 없이 반드시 현장답사를 해야 한다.

이외에 경매에 참고할 만한 지식으로는 정부의 부동산 정책이나 관련 뉴스를 들 수 있다. 이런 정보들을 접하면서 전체적인 시장의 흐름을 감지하면 도움이 된다.

하지만 개인적인 생각으로는 이런 정보들은 참고만 하되, 정책에 따라 자신의 투자 소신이 바뀌는 것은 권장하지 않는다.

어떤 투자자는 정부의 부동산 정책이 바뀔 때마다 자신의 투자방식도 바꾸는 경우가 있다. 물론 경매를 비롯한 부동산 투자는 공간, 그리고 지리적 영향이 있기에 정부 정책을 완전히 무시하기란 어렵다. 하지만 그렇다고 정부 정책을 맹신하면서 투자방식을 자주 바꾸는 건 바람직하지 않다고 본다.

주식이나 보험 등 모든 재테크 상품은 정부 정책에 따라 일정 부분 영향을 받는다. 하지만 주식을 조금만 아는 사람이라도 정부가 대출 금리를 내린다고 빚을 내서 덜컥 주식에 투자한다면 위험을 겪게 된다.

부동산 투자도 마찬가지다. 신문이나 TV 뉴스에서 얻은 지식은 최소한의 참고 자료로만 이용하자.

말이 나온 김에 주식과 부동산 중에서 어느 쪽이 더 유망한 투자가치가 있을까? 정답이 있는 문제는 아니지만 객관적 데이터를 보면 부동산 투자에 무게중심이 실려 있다. 한국에서 상위 10% 이내에 드는 부자는 부동산 투자에 자산의 60% 이상을 투자하고 있다는 통계 자료만 보더라도, 일반 투자자들도 부동산 투자에 대한 비중을 일정 부분 가져가는 것이 좋다.

투자 포트폴리오에 대해 고민된다면 부동산 투자는 반드시 포함하는 게 좋다는 뜻이다.

인생에는
수많은 기회가 찾아온다

다시 내 얘기로 돌아와 보자.

2015년 당시에는 교육법인 원장으로 근무하면서 부동산 투자에서 또 한 번의 기회가 찾아오게 된다. 당시에는 직원도 없고 나 혼자 일하는 1인 회사였지만 그동안 분양 대행 분야에서 쌓은 인맥과 신용 덕분에 공동투자 개발 제안을 받게 되었다.

지하철 1호선 소사역 주변 재개발 지역으로 3종 주거지인 120평가량의 토지였다. 당시 평당 천만 원대로 물건이 나왔는데 그 무렵 소사역 주변 시세가 그 정도였다. 하지만 투자금이 모자랐던 나에게는 다소 큰돈이었다.

토지를 매수하는 데 필요한 돈만 12억 정도였다. 투자를 제안한 업체와 반씩 부담한다고 해도 6억가량을 투자해야 하는 상황이었다. 하지만 당장 수중에 돈이 없다고 포기할 수는 없었다.

내가 가지고 있는 재산이 뭔가?

바로 해박한 '부동산 지식과 현장 경험' 아닌가?

매도인을 설득해보기로 했다. 매도인과 대화로 평당 매매가를 다소 조정할 수 있다면 어떻게든 자금을 마련할 수 있을 것 같았다.

당시 소사역세권 재개발 지역은 워낙 오래되고 낡은 건물이 많았고, 개발 호재에도 불구하고 건축 시장 분위기가 냉랭했기 때문에 토지 매도를 장담할 수 없는 상황이었다. 나는 이 점을 매도자에게 어필했고, 시장가보다 낮은 가격으로 안전하게 파는 것이 더 좋다는 점을 설득했다.

내 말이 그럴듯하게 여겨졌는지 매도자가 평당 800만 원에 땅을 내놓겠다고 했다. 이렇게 해서 토지 매수가가 9억 원대로 떨어졌다.

여기까지는 해결했지만 아직까지 해결해야 할 돈의 액수가 컸다. 5억 원은 당시에 내가 조달하기에는 너무 많은 돈이었다. 그렇다고 나를 믿고 제안을 해온 투자자를 실망시킬 수도 없는 노릇이었다. 고민 끝에 공통투자자에게 양해를 구하고 토지담보대출을 받기로 했다. 하지만 당시에는 매수하려는 땅에 오래된 주택이 있었고, 그 상태로는 임대차 권리 문제가 얽혀 은행 대출이 불가했다. 이 부분도 창의적으로 풀어야 했다.

세상의 모든 일은 사람이 하는 것이기에 이해관계를 어떻게 조율하는지에 따라서 문제는 쉽게 해결될 수도, 더 어렵게 꼬일 수도 있다. 나는 계약금과 중도금을 지불할 테니 잔금 전에 토지 위에 주택을 부숴도 된다는 매도자의 동의를 받았다.

이로써 은행으로부터 토지담보대출을 받을 수 있었다. 주택을 없애는 절차를 '멸실'이라고 하는데, 이 멸실 절차가 이뤄진 뒤에는 토지담보대출을 70%까지 실행시킬 수 있었다.

지금이야 토지담보대출이 약 60% 이하로 제한되지만, 당시에는 70%보다 더 나오는 경우도 있었던 터라 대출만으로 자금을 운용하기가 수월했다.

소사역 현장의 경우 3종 주거지에 해당하는 용적률을 적용받았다. 이렇게 계산해 보니 7층 높이에 전용면적 15평으로 총 18호실을 분양시킬 수 있다는 판단이 섰다. 전용면적 평수는 작았지만 빌라는 베란다 확장이 되기 때문에 실평수는 18평 정도로, 일반적으로 28평형에 해당했다.

우리는 분양가를 방이 3개인 빌라는 1억 9,500만 원에, 2개는 1억 7,800만 원 정도로 산정하여 총 18호실의 분양 대금으로 34억 원 정도를 예상했다. 공사비는 평당 400만 원 정도로 분양가에서 공사비와 은행 대출이자를 빼니 순수익이 약 20억 정도였다.

다행히 준공 전인 2015년 하반기에 약 80% 분양을 끝냈고, 나머지 20%에 해당하는 잔여 물량도 보존등기하기 전에 모두 분양시켰다.

그야말로 일사천리로 일이 진행되었던 것이다.

결과는 매우 만족스러웠다. 소위 말하는 대박이었다. 토지매입 후 공사를 넉 달 만에 끝내고 준공하기까지 3억이 조금 안 되는 돈을 투자해 9억을 번 것이다. 5개월도 안 되는 짧은 시간에 큰돈을 벌 수 있었다.

심리실험을 통해 증명된 마케팅 효과에 '앵커링 효과'라는 용어가 있다. 사업에서 상대방보다 먼저 가격과 비즈니스 방안을 제시하는 것을 '앵커링 효과'라고 한다. 상대방에게 먼저 협상안을 제시하면 그 기준점이 바로 협상안이 되고, 비즈니스에서 상대방보다 우위에서 거래를 성사시킬 수 있다는 것이다.

그 당시에는 물론 전혀 몰랐던 경제 마케팅 용어이지만. 지식으로 배우기 전에 사업 문제를 해결하기 위한 '절실함'이 있었기에, 적용할 수 있는 마케팅 법칙이 아니었을까 생각해본다.

물론 이렇게 수익을 낼 수 있었던 건 피나는 노력이 있었기 때문이다.

세상에 공짜는 없다.

나는 건축 과정에서 뺄 수 있는 비용은 최대한 줄였다. 아파트도 그렇지만 빌라의 경우 토지매입비를 빼면 건축공사비가 대부분을 차지한다. 당시에는 현금이 들어가는 공사 외에는 모든 공사비가 후불제로 이뤄졌다. 특히 공사 중에 주방이나 화장실에 들어가는 자재들은 대부분이 현금 구매가 원칙이었고, 나머지 공사대금은 준공이나 분양을 끝낸 뒤에 잔금을 지급하는 것이 관행이었다.

나는 공동투자자와 함께 영등포와 구로에서 주방·화장실용품 제작 업체를 직접 찾아가 구매를 했다. 이로써 구매 단가를 10~30%가량 절약할 수 있었다. 이 역시 공사비를 합리적으로 줄이는 방법이다. 이렇게 투자금액 대비 수익률 100% 이상을 남기는 사업이 당시만 해도 가능했다.

물론 지금이야 개발 물건에 따라 수익구조가 다르겠지만 분양 이후 순수익이 적게는 25%에서 많게는 35%면 좋은 편이라고 할 수 있다. 여기에 공사비와 금융비용 등의 다양한 변수가 있다. 하지만 분양 완판 기간이 짧을수록 순수익은 늘어나는 구조인 것은 지금도 마찬가지다.

승부수를 던질 때는
과감해져라

학원을 경영하면서 빌라 분양까지 하다 보니 다시 바쁜 날들이 이어졌다. 체력적으로도 힘들었지만 내게는 마지막 기회이자 부의 추월차선을 탈 리듬이라고 확신했다. 그동안 많은 성공과 실패를 반복하면서 이제 맷집과 집중력, 그리고 시장을 보는 안목을 갖추고 있었기에 이번에는 성공하리라는 확신을 가질 수 있었다.

이로써 2016년까지 약 3년간 학원 운영과 부동산 분양이라는 두 가지 일을 병행해나갔다. 월급이라는 안정적인 수익과 부동산 투자 수익의 두 마리 토끼를 모두 잡던 이 시기는 내 인생에서 가장 안정적인 수익이 들어오던 때다.

기회는 기다리는 자에게 오게 되어있고, 기회를 맞을 준비가 된 자는 반드시 성공한다.

나 역시 인고의 3년을 버틴 끝에 분양대행업의 화려한 꽃을

피워줄 기회를 맞이했다. 소사역세권 부근 일반상업지에 120세대가량의 신축 분양 대행 업무를 의뢰받게 된 것이다.

2017년 봄까지가 분양 일정이었는데 이때가 내 인생에서 가장 많은 고민을 한 시기였다. 그동안은 학원 경영과 부동산 분양을 병행할 수 있었지만, 이 건은 대단지 분양이었던 터라 매달려야만 완판을 시킬 수 있는 아이템이었고, 물론 그만큼 수익률도 높았다.

안정된 수익 상황에서 도전의 기회를 맞닥뜨린 건 살면서 몇차례 있었다. 이때 내가 어떤 경우에 성공했고, 어떤 경우에 실패했는지를 다시 한 번 되새겨보면서 신중하게 판단해야 했다.

무엇보다 안정된 직업을 내려놓아야 하는 상황이었기에 고민은 길어질 수밖에 없었다. 하지만 그동안 해왔던 것처럼 두가지 일을 병행할 경우, 둘 모두에 안 좋은 영향을 미칠 수 있다고 생각해 학원 경영을 그만두는 쪽으로 마음을 잡았다. 월 천만 원의 수입을 포기할 만큼 부동산 쪽 일에 비전과 메리트를 느꼈기 때문이다.

학원 사업을 정리했던 이 시점에서 대한민국 교육에 대해 한번 짚고 넘어갈 점이 있다.

지난 15년간 사교육 시장에서 '교육과 사업'이라는 두 가지 명제에 항상 딜레마를 갖고 있었다. 과연 나는 교육가인가 사업가인가. 이 질문에 명쾌한 답을 내릴 수가 없었다.

혹자는 '공교육은 교육이고, 사교육은 사업'이라고 얘기하기도 한다. 틀린 말은 아니지만, 그렇다고 100% 맞는 말도 아니다. 공교육도 넓은 의미에서는 사업이다. 학원 사업을 정리했던 여러 이유 중에서 한 가지는 바로 대한민국 교육의 현실이었다.

학원을 운영하면서 교육과 사업이라는 두 가지 딜레마에 항상 고민해왔지만, 돌이켜보면 교육보다는 사업에 더 큰 비중을 두었던 것은 어쩔 수 없는 현실이었다. 사교육에서 공교육이 감당할 수 없는 진로 및 진학 교육에 대한 교육 시스템을 다소나마 도입시키고자 노력한 것도 그 이유에서다.

하지만, 무엇보다도 대한민국 교육시장은 공교육과 사교육 모두 한 가지 공통된 문제점이 있으니. 그것은 바로 '인간 개인의 성향과 인성을 위한 교육'이 아니라는 것이다. 공부 잘해서, 명문대학에 들어가고, 명문대를 나와서 대기업에 입사하면, '그것이 인생의 목표고, 교육의 목적'인 것이다.

그렇다면, 여기서 한 가지 질문을 던져보자.

인생의 목표와 교육의 목적을 달성했다면. 그다음은 어떻게 인생을 살아갈 수 있을까? 누가 속 시원하게 이 질문에 답을 할 수 있을까?

대한민국에서 자녀 한 명을 대학까지 교육시키는 데 드는 비용이 대략 얼마 정도일까? 통계자료에 따르면 초등학교 1학년부터 고등학교 3학년까지 최소 약 1억 원 정도의 교육비용이 들어간다고 한다. 이 비용은 대학교 과정은 제외한 것이다. 요즈음 대학 졸업 후에도 취업 준비를 위해 들어가는 비용까지 합친다면 대략 1억 원 이상의 추가 교육비용이 소요된다는 보도를 본 적이 있다.

이는 단순히 교육에 들어가는 비용의 문제만이 아니다.

대한민국에서 대학 졸업 후 취업시장에 뛰어들고, 운이 좋아 한 번에 대기업에 입사했다고 해도, 결혼을 위한 혼수 등 준비해야 할 것이 너무 많다. 그동안 쏟아부은 돈과 에너지, 특히 제일 중요한 '젊음'이라는 시기는 어디에서 보상받을 수 있다는 말인가?

그렇다면, 자녀를 어떻게 키워야 할까?

올바른 자녀교육은 무엇인가?

이런 질문을 수없이 받아왔다. 나는 15년 이상 교육시장 현장에서 학생들과 함께 생활하며 경험하고, 자녀를 키워본 학부모로서 몇 가지 당부를 하고 싶다.

첫째, 자녀는 내 소유물이 아니다.

나에게 보내준 소중한 선물이자, 하나의 독립된 인격체라는 점을 명심해라.

둘째, 다른 자녀와 절대 비교하지 마라.

비록 장점일지라도 절대 남과 비교하지 마라.

셋째, 명문대학에 들어가는 것만이 자녀교육의 성공이라는 생각을 버려라.

명문대 진학 목표를 강요하지 말고, 자녀의 '꿈'을 존중해줘라.

'꿈'과 '직업'이 일치하지 않더라도, 자녀의 '꿈'을 존중해 줘라.

'꿈'은 많을수록 좋다. 내 나이 50에 아직도 '꿈'이 있는데, 하물며!

넷째, 대기업에 입사하는 것만이 인생의 성공이라는 생각을 버려라.

안정된 '직장'이 인생의 성공이 아니라, '천직'을 찾는 것이 성공이다. 좋은 '직장'에 입사하는 것을 기대하지 말고, 소명의식을 갖고 '천직'을 찾아가는 시도에 박수와 갈채를 보내야 한다.

다섯째, 돈을 벌기 위해서 단순한 지식 습득만을 강요하지 마라.

'돈'을 벌기 위한 '지식'은 너무나 많다. 문제는 '지식'이 아니라, '실천'이다. 두려움을 버리고, '최고'보다는 '최초'가 되는 모험을 즐겨야 한다.

당신의 자녀가 성공하고 이 세상을 잘 살아가려면 어떻게 키워야 할까.

나는 한마디로 이렇게 말하고 싶다. 세상을 살아가는 지혜, 즉 '처세술'을 배워야 한다고….

그렇다면 '처세술'은 어떻게 배워야 할까. 그것은 지식으로 배울 수 있는 것이 아니다. 삶의 시행착오, 즉 '실패와 성공'이라는 '삶의 경험'으로만 배울 수 있는 것이다. 따라서 당신의 자녀를 '공부, 대학, 취업'이라는 울타리 속에만 가둬두지 말아라. 인생은 그런 울타리보다 더 넓고 변화무쌍하니까.

2017년 2월, 학원 경영자의 자리에서 내려와 다시 한 번 투자자이자 사업가의 자리에 앉았다. 2017년 2월 초부터 나는 소사역세권 주상복합건물 분양 대행업을 본격적으로 시작했다. 흥분과 두려움이 교차했다. 이것이 내 인생에 다시 오지 않을 부의 리듬을 타는 것이라고 느꼈다. 그래서 어떻게든 첫 번째로 맡은 프로젝트를 성공시켜야 한다는 압박을 느꼈다.

총 20층 높이에 120세대로 도시형 생활주택이 30%, 주거형 오피스텔이 70%로 구성된 건물이었다. 세대별로 분양가는 2억에서 최대 2억 5천만 원으로, 주거용 오피스텔이 2억 물건이었고, 조금 더 비싼 쪽은 주택등기가 나는 도시형 생활주택이었다.

만약 부동산을 잘 모르는 투자자가 돈만 가지고 이 프로젝트에 뛰어들었다면 조심해야 한다.

간혹 수강생 중 일부가 주거용 오피스텔과 업무용 오피스텔은 무슨 차이가 있느냐고 묻는데, 쉽게 설명하자면 처음에는 모든 오피스텔이 업무용 시설로 등기부에 기재된다. 오피스텔은 주택법이 아니라 건축법의 적용을 받기 때문이다. 이 때문에 준공 전이나 준공 이후 실사용 용도에 따라 주거용과 업무용으로 구분되는 것이다.

둘 다 취득·등록세(4.6%)는 같지만, 주거용 오피스텔은 재산세와 종부세, 전기세와 수도세 등이 주택에 부과되는 기준을 따른다. 반면 업무용 오피스텔의 경우는 부가세 환급을 비롯해 세금이 부과되는 기준에서 약간씩 차이가 있다.

그밖에 주거용 오피스텔의 경우 전입신고가 가능하지만, 업무용은 전입신고가 불가하다는 차이점도 있다.

오피스텔 분양은 이사 시즌인 2월 초에 본격적으로 시작했다. 만약 분양이 장기전으로 들어가면 연초에 시작하는 게 조금 더 유리하겠다는 판단도 있었다.

본 분양을 시작하기 전에 사전분양(이른바 '가분양')을 진행했다. 하지만 막상 분양을 시작하고 보니 모델하우스에 오는 방문객은 많은 반면 분양률은 떨어졌다. 가격이 다소 비쌌던 것이다.

이 점은 건축주와 분양가 책정을 하면서도 몇 번 언급했던 적이 있었다. 1년 전 같은 지역에서 빌라를 분양하면서 평균 시세를 알고 있었기에 건축주가 정한 금액에서는 분양이 쉽지 않겠다고 생각했는데 현실에서 그대로 맞아떨어진 것이다.

나는 상황을 3주 정도 지켜보다가 건축주와 다시 협의를 해서 분양가를 조정했다. 건축주는 처음에 가격을 내릴 수 없다며 버텼지만, "경쟁사가 있는 상황에서 우리 쪽으로 분양고객을 모두 끌어올 수 있다."라는 설득에 수긍한 것이다. 업무용 오피스텔은 1억 8천만 원대, 주거용 오피스텔은 2억 3천만 원대로 조정했다. 세대별로는 각 2천만 원씩 분양가를 내린 셈이다.

분양가를 내린 후 3월부터 계약이 쏟아지기 시작했다. 주말을 제외하고 주중에는 하루에 6~7건씩 계약이 나왔고 주말에는 12~15건으로 2배 이상 많았다. 3월에만 총 분양계약이 40건에 달했다. 이런 속도라면 3개월이면 분양이 모두 완판될 수 있었다. 가격을 내린 전략이 먹혀들었던 셈이다.

어떻게 보면 2천만 원이라는 금액은 큰 금액이지만 전체 분양가가 1~2억을 오가는 상황에서는 충분히 할인될 수 있는 금액이다. 2천만 원 때문에 분양률이 떨어지는 것보다, 이 정도 금액을 깎아주고 완판을 하는 게 건축주에게도 낫다. 고객 역시 원래 금액에서 2천만 원이나 싸게 주고 산다는 인식 때문에 구매 결정을 서두르니 분양 전략으로는 나쁘지 않았다.

당시에 우리 오피스텔 말고 주변에 두 군데 경쟁사가 있었는데, 현장 분양가가 정확히 우리 물건 대비 20% 높았다. 나는 이런 상황에서 과감하게 분양가를 내리고, 경쟁에서 이기는 것이 더 중요하다는 판단을 내렸고, 이것이 적중했다.

이것은 부동산 시행과 분양 대행을 모두 해본 경험에서 비롯한 것이기도 하지만, 무엇보다 학원장을 하면서 고객의 입장에서 생각하는 훈련을 해온 덕분이기도 하다. 사업자와 고객의 입장은 항상 남과 북처럼 떨어져 있다. 사업자인 건축주로서는 분양가를 조금이라도 올리려고 하지만, 분양가가 높다는 게 꼭 이익으로 직결되는 건 아니다.

부동산 사업은 단순히 분양가만 생각해서는 절대 성공할 수 없다는 게 내 지론이다.

여기에는 보다 복잡한 셈법이 작용한다. 공사비와 금융기관 이자 등 지출 비용을 철저히 따져보고 분양가를 산정해야 한다. 물론 건축주도 바보가 아닌 다음에야 이런 사실을 모를 리 없다.

그러나 머리로 아는 것과 실행하는 것은 다르다. 돈 앞에서 경험을 믿지 않고 욕심을 부리면 망할 수 있다는 것을 나 역시 경험으로 배운 터라, 이 점을 설득시켰다.

내가 맡았던 분양 현장은 분양가를 시기적절하게 내리면서 주변의 다른 현장보다 좋은 반응을 얻을 수 있었고, 분양률도 빠르게 높일 수 있었다. 소사역세권 현장은 예상보다 한 달 빨리 분양 완판을 기록했다. 사전분양 때 3개월 이상 걸릴 거라 예상했지만, 두 달 만에 120세대를 완판시킨 것이다. 건축주 역시 자신이 투자한 금액을 빠르게 회수할 수 있었다.

물론 입주 전까지는 분양 대행 업무를 계속해야 해서 두 달 을 더 일해야 했지만, 사전에 완판시킨 경험으로 자신감이 붙었다. 학원 경영을 그만두면서까지 이 일에 몰입해야 하는지,

복잡했던 고민이 한 번에 해소된 것이다. 건축주 역시 10년 이상 건축 사업을 해왔지만 이런 경험은 처음이라며, 고맙다는 인사를 했다. 이때 건축주와 맺은 인연을 지금까지 이어오고 있으니, 사업에 있어 첫 거래가 얼마나 중요한지는 새삼 강조해도 지나치지 않다.

사업에는 전략이 있고 전술이 있다. 전략은 숲이요, 전술은 나무이다. 장사로 말하자면 비싼 물건을 팔 때가 있고, 저렴한 물건을 많이 팔 때가 있는 것이다.

사업 성공 요인 중에서 가장 중요한 것은 무엇일까?

나는 주저 없이 '타이밍'이라고 말한다. '타이밍'은 단순한 '눈치싸움'이나 '치고 빠지기'가 아니다. '타이밍'을 정확히 맞추려면, 그만큼의 실패와 성공의 '경험치'가 있어야 한다. 이 '경험치'는 돈으로는 절대 살 수 없는, '1만 시간의 법칙'과도 같은 것이다.

그것이 바로 '타이밍'이다.

세상의 모든 일은
협상이다

2017년, 분양 대행업을 성공시킨 이후 부평에서 부동산 공인중개사무소를 공동으로 하자는 제안을 받았다. 분양 대행업이 한시적으로 큰돈을 버는 일이라면 공인중개사무소는 적은 돈을 계속 버는 일이다. 즉, 전술이다. 이때부터 시작한 중개 일은 지금까지 계속하고 있다.

2017년 상반기에는 소사역세권 오피스텔 분양 대행을 끝내고, 주변 건축주와 시행사로부터 토지매입의뢰를 받았다. 두 번째 프로젝트였다. 적당한 토지매물을 찾아 거래를 진행했지만, 가격이 문제였다. 총 300평의 토지의 평당 매매가는 2천만 원. 총 60억짜리 프로젝트였지만 진척이 전혀 되질 않았다.

매도인이 원래 내놓은 가격은 평당 2,300만 원이었다. 1호선 부평역에서 도보로 5분 거리에 있는 초역세권인 부지의 유일한 단점은 철로 바로 앞이라서 열차 소음이 계속 발생한다는 것이었다. 시세대로라면 당시 부평역 앞 초역세권 일반상업지 평당 매매가격이 2천만 원 중후반이어야 했지만, 이 소음 때문에 매수자가 가격을 깎자고 요구하고 있었다. 매수자는 매수의향서를 전달하며 매도자와 여러 차례 미팅도 하고 매입 의사를 밝혔지만, 매도자는 평당 2,300만 원을 계속 고집했다.

나는 중개 협상을 2개월 넘게 진행하며 간극을 좁히려고 했다. 그러나 협상 기간이 늘어지면서 자칫하면 계약 자체가 깨질 수 있는 상황이 되었다. 그렇지만 난관에 부딪힐 때 기억해야 할 점은 딱 한 가지, 이 모든 일은 사람이 진행한다는 것이다. 사람이 진행하는 일은 사람이 조율해서 문제를 풀 수 있다.

매도자에게는 평당 2천만 원으로 진행하면 중개수수료를 받지 않기로 했다. 매수자에게는 평당 2천만 원으로 하되, 매수자가 매도자의 중개수수료 일부를 지급하며, 계약금 10% 외에 중도금은 없고, 잔금을 1개월 이내에 지급하자는 내용이었다.

이것은 당시 토지가 나대지였기에 잔금 지급 날짜를 당길수록 양쪽 모두에게 유리할 거라는 계산에서 나온 작전이었다. 매수자가 금융기관 자금 조달 없이도 잔금 처리를 할 수 있다면 계약이 성사될 수 있는 분위기였다.

다행히 매수자인 건축주 역시 바로 전에 현장 준공을 받은 터라 충분한 자금을 갖고 있었기에 이 조건이 나쁘지 않았다. 결국 매도인과 매수인 모두가 이 조건에 동의하면서 매수 계약이 성사되었다.

그렇다면, 이것은 중개수수료를 낮춘 내가 손해를 본 거래인가?

부동산을 잘 모르는 사람들은 그렇게 생각할 수 있다. 하지만 나는 중개수수료라는 작은 이익을 포기하고, 좀 더 큰 그림을 보았다. 매수자인 건축주에게 제안하기를 중개수수료를 깎아줄 테니 분양대행업을 맡겨달라고 제안한 것이다. 보통 업력이 오래된 건축주의 경우, 분양대행업을 함께 진행하는 경우가 많았기에 이 제안은 받아들여지지 않을 수도 있었다.

그러나 모든 일은 항상 생각과는 달리 진행될 수 있다. 중개거래를 성사시키는 와중에 틈틈이 내 분양 대행 경력을 건축주에게 말해왔던 것도 이 때문이었다. 막판에 중개 거래 계약을 성사시키면서 승부수를 던진 것이다.

어떤 일이 생겼을 때, 생각만 하거나 혹은 걱정만 잔뜩 안고 있으면 되는 일이 하나도 없다. 되든 안 되든 일단 시도해 보고, 문제가 생기면 하나씩 풀어나갈 때 비로소 문제가 해결된다.

"실타래가 풀리지 않을 때는 그냥 가위로 끊어 버리는 것도 좋은 방법이 될 수 있다."

예상대로 이 건축주는 나를 신뢰하고 있었고, 결국 분양 대행을 나에게 맡겨주었다. 나중에 물어보니 내가 토지매입을 하는 과정을 지켜봤고, 내 성향을 짐작했기에 일을 맡겨도 되겠다고 판단했단다. 일은 결과도 중요하지만 과정이 더 중요하다는 것을 느끼게 된 계기였다.

2017년 7월부터는 인천 부평구 부평동에서 분양 대행 사업을 정식으로 시작했다. 내가 진행했던 물건은 아파트와 오피스텔이 섞인 아파텔 개념의 도시형 생활주택이었다. 전 세대가 방이 3개 구조로, 총 150세대였다.

분양가는 최저 2억 3천만 원에서 3억 4천만 원으로 정해졌다. 현장이 허허벌판인 나대지였기에 매매계약을 하자마자 건축허가를 신청해서 바로 착공에 돌입했다. 나는 7월부터 사전 분양 영업을 시작하며 영업자를 뽑고, 주변 공인중개업자를 상대로 영업을 진행했다. 사전 영업을 한 지 3주 정도 지나면서 분양계약이 하나둘씩 나오기 시작했다. 준공까지는 3개월이라는 시간이 남았는데도 당시에 부평에서는 보기 드문 3베이 구조의 아파텔이라는 점이 소비자들의 눈길을 끌었던 것 같다. 안타깝게도 최대의 단점은 철로 앞이라는 것. 철로의 소음을 최소화할 수 있도록 설계하는 게 관건이었다.

이에 부평역과는 반대로 거실을 배치하고, 부평역 쪽으로 향하는 세대는 20% 미만으로 줄이는 등 설계에 많은 노력을 기울였다. 이런 혁신적인 마케팅 포인트와 노력 덕분에 분양은 성공을 거둘 수 있었다.

철로 바로 앞이라는 단점에도 불구하고 다른 장점들이 단점을 상쇄했다. 7월에 분양을 시작한 지 두 달도 안 돼 100% 분양 완판이라는 결과를 얻었다.

물론 나는 내가 완벽하게 일을 진행했기 때문이라고 생각하진 않는다. 나에겐 충분한 운도 따라주었다.

당시 분양 완판을 조기에 달성한 건 현장 조건 외에도 부동산 트렌드의 변화가 한몫했다. 2017년 하반기에는 인천 부평 지역에 부천과 서울 외곽지역에서 유입된 인구가 꽤 많았다. 서울 인근인 부천지역의 가격은 같은 분양가에 20~24평형으로 형성되어 있었다면, 부평 현장에서는 같은 가격에 28~34평의 비교적 넓은 아파트를 매입할 수 있었던 것이다.

여기에는 한 가지 운이 더 따라주었는데, 당시 F4 비자를 소유하던 중국인의 주택 수요가 늘어난 것도 작용했다.

F4 비자를 보유한 중국인은 한국에서 10년 이상 생활한 이들이기에 서울 외곽에 머물던 중국인들이 상대적으로 평수가 넓은 부평으로 대거 이동한 것이었다.

원래 외국인은 내국인에 비해 은행 대출 금리에 있어 불리하다. 그러나 F4 비자를 보유한 중국인은 이보다 대출이 잘 나왔다. 무엇보다 한국에 거주하는 중국인들은 담보 대출을 그리 좋아하지 않는다. 대개는 그동안 모아온 돈으로 현금을 써서 집을 구매했기 때문에 이점 역시 분양대행사인 나로서는 환영할 만한 요소였다.

이처럼 부자가 되기 위해 필요한 요소 중 하나로 운을 빼놓을 수 없다. 운만 있고 실력이 없는 사람이 부자가 되기도 어렵지만, 그 반대 역시 성립할 수 없다는 점을 나는 경험으로 배웠다.

Part 3

성공을 찍어내는
4가지 방법

...

운은 성공의 필수 요건이 아니다.

성공하는 데 꼭 필요한 것은 신념이다.

신념이 성공을 만든다.

신념은 각오한 사람만이 할 수 있다.

그리고 이렇게 각오한 사람에게
기회는 매 순간 찾아온다.

나는 그런 의미에서 성공은
찍어낼 수 있다고 생각한다.

언제, 어떤 경우에서도 성공할 수
있는 방법을 공개한다.

기회는
계속 찾는 자에게만 열린다

2017년 9월 분양 대행 시장으로 컴백한 이후 첫 번째 프로젝트를 성공적으로 마친 뒤, 또 다시 사업부지 매물을 찾는 데 집중했다.

부동산 분양 대행은 일을 잘 추진하는 것도 중요하지만, 좋은 일감을 찾는 데에도 적잖은 공력이 들어간다. 나는 시행부지와 대지조성 등 사업 매물을 3개월간 집중적으로 공략했다.

그동안의 경험 덕분에 토지매입 의뢰가 계속 들어오고 있었다. 시행사와 건축주를 상대하는 일의 특성상 토지매입 전에 검토해야 할 사항이 꽤 많았다. 매입할 토지를 찾으러 다니는 동안 분양대행업을 잠시 쉬었지만, 투자 매물을 찾는 일은 게을리하지 않았다.

사업가에게 있어 휴식은 일하기 위한 재충전임과 동시에 새로운 기회를 포착하기 위한 탐색의 시간이기도 하다. 사람들은 누구나 기회를 기다린다. 그러면서 기회가 찾아오지 않으면 자신과 인연이 없다고 생각하고 그 기회를 영영 얻지 못한다.

하지만 내가 여러 차례 사업 실패를 경험하는 동안 깨달은 바는, 기회의 문은 계속 찾고 두드리는 자에게만 꾸준히 열린 다는 사실이다.

나 역시 이런 식으로 알토란같은 사업 기회를 계속 열어젖혔 다. 게다가 이제 막 끝낸 프로젝트가 성공적이었다면, 그 성공 의 리듬을 타고 이후 프로젝트를 수주하는 일은 상대적으로 더 쉬워진다.

당시 나 역시 관계를 맺고 있던 업체로부터 또 한 가지 제안 을 받게 되었다. 바로 원룸이나 투룸 빌라를 통매입해달라고 의뢰를 받은 것이다. 이때에는 20년 이상 된 빌라 구옥을 매입 해서 건물 내관과 외관을 리모델링한 뒤에, 가구별 임차인을 찾아서 세를 주는 임대 상품이 인기를 끌고 있었다. 이 인테리 어 업체도 그런 물건을 찾고 있었는데, 매입가격과 물건의 위치 를 찾는 게 어려운 일이었기에 나에게 의뢰를 한 것이다.

아무리 매입가가 저렴하더라도 비역세권이나 변두리 지역은 의미가 없다. 리모델링 업체 대표는 경기도 부천이나 부천 인근 지역인 부개동, 혹은 부평동 매물을 원했다. 하지만 매수자가 원하는 지역에는 마땅한 매물이 전무한 상황이었다.

　사람 심리는 모두 같다. 좋은 지역에 좋은 물건을 싸게 구하는 것. 그러나 그런 물건을 쉽게 찾을 수 있다면 부자가 되지 않을 사람이 없을 것이다. 나는 부동산은 투박한 광석을 다듬어 보석으로 만드는 작업이라고 생각한다. 이런 창의적인 노력이 없으면 항상 좋은 물건을 빼고 수익성 없는 안 좋은 물건만 쫓아다니는 고생을 해야 할 것이다.

　그러던 중 한 하청 업체 대표에게서 연락이 왔다. 부개역 주변에 오래된 빌라가 있는데 토지 매도 작업을 함께 해보자는 것이다. 뭔가 '건수'가 될 것 같아서 현장으로 바로 달려갔다. 30년 정도 된 오래된 맨션 2개 동이 부개역 바로 앞에 있었다.
　부개역 주변이 인구이동이 원래 많은 지역은 아니었지만, 역에서 도보로 2분 거리인 초역세권인지라 잘 다듬으면 보석이 될 거라는 느낌이 들었다. 나는 확신이 서자 명도작업과 조합원 모집을 바로 진행했다.

　이 물건의 토지면적은 약 370평 정도, 가구 수는 23가구로

소형단지에 속했지만 오래된 건물이라 건축물 대비 토지면적 비율이 높은 게 장점이었다. 만약 명도와 조합원 구성이 순조롭게 진행된다면 분양 진행 시 순수익이 30억 정도는 충분히 나오리라는 계산이 섰다.

우선 명도작업을 진행하기 전에 동네 반장을 만났다. 전체 세대 구성원과 개별 미팅을 어떻게 할지 의논했다. 조합원 구성에 대해 잘 모를 독자를 위해 덧붙이자면, 아무리 단지가 작아도 명도와 조합원 구성은 단기간에 쉽게 이뤄지는 게 아니다. 보통 짧게는 6개월, 길면 1년 이상 걸리기도 한다. 사람의 마음을 설득하는 일이기 때문에 조바심을 내서도, 너무 늘어져서도 안 된다.

그야말로 '리듬'의 문제인 것이다.

충분히 이 점을 예상하고 진행한 일이지만 예상보다 암초가 많았다. 입주민 평균 연령이 70대 이상이라 설득 작업 전에 대화를 제대로 나누기도 쉽지 않았다. 불행 중 다행으로 반장이 협조를 적극적으로 해주어 각 세대 입주민을 만나는 건 어렵지 않았다.

나는 몇 차례 미팅을 한 이후에 입주민의 사업 이해도가 떨어져 설득이 어렵겠다고 판단해 입주민의 자녀들과 대화를 시도해 보기로 했다. 그런데 모두 귀찮다는 반응이었다. 통화도, 미팅도 전혀 진척이 없는 상황이었다.

'여기서 포기한다면 남들과 똑같은 사업가가 되고 만다. 일이 이렇게 까다롭고 어렵기 때문에 나에게 기회가 주어진 것이다. 이 위기를 기회로 만들 수만 있다면 큰돈을 벌 수 있다.'

나는 계속 밀어붙였다.

우선 엉킨 실은 한 가닥씩 푸는 것이 원칙이다. 세대 구성원을 한 사람 한 사람 만나면서 동의서를 받아내기 시작했다. 이 작업을 석 달 정도 하니 어느덧 전체 세대수의 50%의 동의를 받아낼 수 있었다.

어떤 세대주의 경우 온종일 문밖에서 기다리고 있다가 저녁에 30분 정도 면담을 겨우 하고 동의를 받아낸 적도 있었고, 1개월 내내 연락이 안 되는 세대주의 가족을 찾아가서 합의서를 받아낸 적도 있다. 그야말로 '삼고초려'였다.

그렇게 절반이 동의했으니 나머지 입주민에게는 "다수결을 따라 달라."는 논리로 설득하면 쉽게 마무리될 터였다.

그런데 큰 일은 그렇게 호락호락하게 진행되지 않았다. 물건지 앞 도로는 당시 텃밭과 나대지로 사용 중이었는데 150평 정도가 부평구청 소유로 되어 있었던 것이다. 게다가 그 땅 중 일부는 구청에서 이삿짐 업체에 임대를 준 상태였다. 임대차 관계나 텃밭 사용이야 큰 문제가 안 되지만, 구청이 소유한 땅을 가져오는 건 어려운 일이었다.

게다가 당시 구청에서 이 땅을 인천도시철도공사에 매각한다는 소식까지 들려오고 있었다. 당시에는 아직 매각 전이었지만 매각된다면 조합설립으로 사업을 추진하는 게 물거품이 될 상황이었다.

여기서 물러설 순 없었다. 다급한 마음에 부평구청 담당자를 찾아가 면담을 신청했다. 확인해 보니 아직 공사 측과는 협의 중이나 매매계약 전이라고 했다. 그나마 다행인 상황이었다.

나머지 입주민의 동의가 시급했다. 구청 소유인 150평이 없다면 이 사업은 수지타산이 맞지 않는 사업이었다. 나는 속이 타들어 가는 심정으로 입주민 동의 절차에 속도를 냈다.

아직 결정을 못 한 세대에게는 개별적으로 동의를 받으러 다녔다. 거의 막바지 작업을 진행 중이던 때, 입주민의 전화를 한 통 받게 되었다.

"나 안 팔 거요. 당신들이 이익을 많이 남긴다던데, 누구를 바보로 알고?"

누가 그랬는지는 모르지만, 우리가 조합설립으로 큰돈을 벌려 한다는 말을 흘린 모양이었다. 이 때문에 평당 매매단가를 올리겠다는 거였다. 당시 이 물건은 워낙 오래되어 감정가 자체가 없었던 상황이었다. 내가 계산해봤을 때는 토지 지분에 대한 평당 단가는 700만 원 내외였다. 그런데 이 가격에 동의서를 제출했던 세대들마저 평당 1천만 원으로 올리지 않으면 동의를 취소하겠다고 아우성이었다.

나중에 들은 얘기로는 세대원 가족 중 한 사람이 돈을 더 받아내라고 선동을 했다고 한다. 당시 주변 토지매매가를 비교했을 때 분양가는 평당 1,100만 원가량을 예상했는데 만약 평당 천만 원씩 보상을 해준다면 이 사업은 검토할 가치가 없게 된다.

나는 1주일 동안 반장과 세대원을 모아서 설득하려고 했다. 하지만 오히려 가만히 있던 세대원들마저 마음을 바꾸어 매매가를 천만 원으로 하라고 입을 모았다. 시세를 전혀 모르는 구성원들의 떼쓰기 작업에 헛웃음만 나왔다. 지난 4개월의 고생이 물거품으로 돌아가게 된 것이다.

결국 기대했던 사업계획은 입주민 동의를 받지 못하고 포기해야만 했다. 거기서 더 매달린다면, 수익성 악화로 고생만 하게 될 일에 에너지를 뺏길 위험이 있었다.

주식투자 용어로 정리하자면, 손절이었다.

열린 마음으로
기회를 기다려라

　사람들은 부동산 사업, 그것도 시행 부지 매입과 분양대행업을 한다고 하면, 손만 대도 큰돈을 벌고 쉽게 돈을 벌 거라고 생각한다. 그렇지만 세상만사가 그러하듯 큰 이익이 걸린 사업에는 큰 위험도 도사리고 있다.

　또한, 부동산 내에서도 다양한 전문지식을 갖춰야 하는 것은 물론, 여러 이해관계자들의 협상을 도출하는 과정은 보통 사람이 감당하기에 매우 어려운 일이다.

　요즘도 토지매입을 검토하다 보면 가장 어려운 부분이 바로 명도 작업이다. 명도는 사람이 마음을 바꾸지 않으면 강제로 진행하기에 한계가 있는 부분이다. 따라서 사람을 잘 이해하지 못하면 일을 진행시킬 수 없다.

　부개동 토지매입을 진행할 당시, 부평에 있는 농협 로터리 대로변 일반상업지 매도와 명도를 함께 진행했다. 이 물건 역시 매입에는 실패했는데, 그 이유 역시 명도 때문이었다.

명도는 시간이 오래 걸리는 데 비해 사람 마음이 바뀌면 그동안의 수고가 물거품으로 돌아가기 때문에 매입 과정에서도 가장 스트레스가 많은 작업이다. 물론 몇 번의 명도 실패를 거치면서 배운 점도 많았지만, 몇 달의 노력이 허사로 돌아가는 일은 지금도 상당한 스트레스로 작용한다.

그래서 나는 부동산 투자에 뛰어들려는 사람에게 조언하고 싶다.

명도를 잘 해결하는 사람이라면 투자의 반은 성공한 거라고….

명도에도 난이도가 있다.

일반 나대지의 경우 그나마 쉬운 편이다. 만약 토지 위에 건물이 있고, 거기에 임대차가 있는 상황이라면 명도가 절대 만만치 않다. 특히 재개발 지역이라면, 소수가 매매 동의를 하지 않고 버티는 이른바 '알박기'를 하는 부분 때문에 건설사가 피해를 보는 일이 비일비재하다.

하지만 피해를 입힌 당사자는 자신만 손해 보는 게 아니라, 건설사는 물론 주변 조합원과 다른 분양자들에게까지 피해가 확산된다는 점을 모른다.

그런데 이처럼 명도가 어렵다는 것은 무엇을 뜻할까.

바로 그만큼 수익률이 높다는 것이다. **토지 매매는 부동산 투자의 꽃**이라고 하는데 이러한 **매매 작업을 진행하는 핵심이 바로 명도** 작업이라고 보면 된다. 한 마디로 부동산 소유주가 여럿이 한 번에 바뀌는 부분이기 때문에 수익의 열쇠가 된다는 말과도 같다.

부동산은 분야가 매우 다양하지만, 대부분은 서로 연관되어 있다. 그래서 한 가지 분야에서 성과를 내면 다른 분야에서도 소개를 받거나 협업 제안을 받을 기회가 더 많아진다.

예컨대 토지 매물만 하더라도 시행사, 신탁사 연계 미팅을 하며 안면을 트고, 이 과정에서 분양 대행 일을 자연스럽게 수주하는 기회가 맞물려 있다.

지금까지도 수주를 받는 분양 대행 업무의 대부분이 이때 인맥에서 비롯한 것이다. 토지매입을 하는 과정이 시간은 오래 걸리는 데다가 어떻게 보면 시간과 노력 대비 효율이 떨어지는 것처럼 보이기도 한다. 하지만 좀 더 장기적 관점에서 보자면 분양 대행업을 연계할 수 있다는 점에서 꾸준한 성장을 도모할 수 있는 매력적인 가치투자다.

사업은 단기가 아닌 장기적인 관점에서 접근해야 한다.

소탐대실은 금물!

또 다른 사례를 하나 들어보겠다.

2017년은 정권이 바뀐 해였다. 문재인 정부가 들어서면서부터 부동산 시장에는 본격적인 규제정책이 시작되었다. 정부의 첫 번째 부동산 규제정책이 바로 말 많고 탈 많았던 이른바 6 ·19대책이다.

내용은 여러 가지가 담겼지만 거칠게 요약하자면 주택 투기를 막겠다는 게 골자다. 세부 내용을 보면 주택 투기 조정대상 지역을 정하고 부동산 규제정책 집행 시 활용하는 DTI와 LTV를 통해 투기과열을 막고, 실수요자 중심의 공급 정책으로 재편하겠다는 신호를 주었다.

그런데 부동산 현장에 있는 내 체감상으로 이는 단순한 증세 정책이라는 느낌이 더 강했다. 현장에서는 이러한 정부의 규제정책으로 매도, 매수자들이 관망세로 돌아서는 등 영업의 어려움이 있었던 시기였지만, 시장 전체가 크게 동요하지는 않았다고 보기 때문이다.

건설사들은 정부의 규제정책을 피하기 위해 서둘러 현장 건설을 시작했고, 투자자는 그 와중에도 더 좋은 물건을 찾으려는 매수의뢰가 늘었으니 말이다. 토지작업이라는 것이 어떤 경우든 시간을 들이는 일인데, 기왕에 천천히 가는 작업이라면 정책을 지켜보면서 대응해도 나쁠 건 없었다.

다행히도 이때에는 내 눈에 실수요자 중심의 부동산 투자 수요가 꾸준히 눈에 보였다. 2017년 하반기에는 그런 내 눈에 또 한 번의 기회가 찾아왔다. 종친회장님으로부터 공동사업을 제안받은 것이다.

내용인즉슨, 본인 소유의 주택을 포함해 주변 5가구 지주들과 함께 공동으로 사업을 해보자는 것이었다. 이 회장님은 30년이 넘게 개인택시 운전을 하면서 종친회 일을 맡아 오셨기에 건축과는 전혀 무관하다고 여겼는데, 뜻밖의 제안이었다. 그렇지만 기회는 항상 내가 예상치 못한 곳에서 찾아오기 마련이다. 따라서 열린 마음으로 기회를 기다리는 자세가 중요하다.

당장 돈을 쫓지 말고
가능성을 보라

몇 차례 미팅을 통해 사업성이 있다고 판단한 나는 이듬해 봄에 종친회장님과 지주들과 협의를 끝내고, 공동 사업을 진행하기로 했다. 어찌 보면 부동산 투자 측면에서 공동사업은 딱히 매력적이라고 보긴 어렵다.

여러 가지 법적 제약은 논외로 하더라도, 지주와 시행사 간의 잡음과 문제점이 발생할 소지가 많고, 대행사 입장에서는 일반 분양 물건보다 수익률이 더 좋지도 않기 때문이다.

여기서 지주 공동사업을 잘 모르는 독자들을 위해 부연 설명을 하자면, 이것은 작은 규모의 지역주택조합 사업으로 보면 된다. 지주가 소유한 토지를 시행사에서 매입 후 사전에 계약된 상가와 오피스, 주택 등을 지주들에게 분양하고 남은 물건을 일반 분양하는 개념이다.

지주 입장에서는 시세 대비 기존 분양가보다 저렴하게 분양을 받을 수 있는 장점이 있다. 시행사 역시 토지매입을 하는 데 덜 번잡하기에 양쪽 모두에게 좋은 것 같지만 이와 반대로 단점도 꽤 많다.

시행사의 경우 조합원 물량을 뺀 나머지 물건을 분양하기 때문에 수익성이 떨어지고, 대행사 역시 마찬가지이기 때문이다. 조합원의 경우는 공사 과정에서 예기치 못한 비용이 추가되면 분양가가 상승하는 등 피해를 볼 수도 있다.

그렇지만 종친회장님이 부탁한 것이기도 했고, 지주 공동사업을 적극적으로 밀어붙이는 시행사가 있었기에 일을 수락했다. 이후 기존의 구옥 주택을 철거하고 분양 승인신청을 받은 다음 착공에 들어갔다.

건물지는 인천 남동구 간석역 주변의 3종 주거지와 일반상업용지가 섞인 350여 평 규모의 토지였다. 여기에 지하 1층, 지상 15층 높이로 135세대 건물을 올리되, 투룸을 30%, 나머지 쓰리룸은 도시형 생활주택으로 설계할 계획이었다.

착공을 한 뒤 분양 대행을 바로 시작할 필요는 없어서 사전

분양준비만 하고 있던 때였다. 갑자기 종친회장님에게 급한 연락이 왔다. 공사 기간이 예상보다 2개월 정도 더 걸릴 것 같다는 내용이었다.

이유는 어처구니없게도 바위 때문이었다. 지하 공사를 하다 보니 큰 바위가 발견된 것이다. 간혹 공사 현장마다 이런 일이 있긴 하지만 일반 상업부지도 아닌 주택부지라니 예상치 못한 일이라서 나 역시 당황했다.

공사를 하다가 바위가 걸리면, 공사 기간은 짧으면 2개월, 길면 3개월에서 5개월 이상도 연기될 수 있다. 그렇다면 분양 대행도 그 이상 연기될 수밖에 없는 상황이었다. 애초에 가을을 예상해서 잡은 분양 시기를 다시 수정해야 했다.

분양 대행업은 입주 시기가 분양률을 절대적으로 좌우한다. 특히 일반 수익형 부동산 매물 중에서도 실수요자 중심인 빌라 등의 매물은 더욱 그렇다. 만약 2018년 가을 입주 시장에 맞추어 분양을 못 할 경우, 그다음 해 5월 이사 시즌에 맞춰서 분양해야 할 수도 있는 상황이었다.

가을이 지나 11월로 접어들면 겨울 비수기를 견뎌야 하기 때문이다. 나로서는 하반기 입주 시기를 놓치면 손해였기에, 지주 공동사업은 상황을 지켜보면서 재빨리 다른 지역 분양물건을 찾아보기로 했다. 이런 상황에는 준공 시기가 임박했는데 분양이 안 된 현장 중에서 분양 대행 물건을 찾고 대행을 진행하는 편이다.

내가 찾은 물건은 가산 디지털 단지 내 수익형 오피스텔 물건이었다. 미분양이 났기에 업무에 바로 돌입할 수 있었다. 2018년 6월, 가산디지털단지 준공업 지역에서 두 번째 수익형 오피스텔 현장 대행 업무를 맡게 된 것이다.

이곳은 대지 면적이 700평 규모로 총 450호실 세대를 갖추고 있는 현장이었다. 복층형 원룸이 60%, 나머지는 투룸으로 구성되어 있었다. 분양가는 원룸의 경우 1억 6천만 원대부터, 투룸은 2억 원대 초반으로 구성되어 있었다. 450호실 중에서 미분양된 세대는 102세대였다.

당시 가산디지털단지는 서울이라는 지리적 장점 외에는 이렇다 할 호재가 없는 지역 중 하나였다. 우리나라 대표적인 업무 지역 중 한 곳으로 직장인 수요는 10만 명 이상 되지만, 이 수요를 받으려면 회사가 몰린 지역에서 가까워야 한다. 그런데 내가 맡은 물건의 경우 입지에 비해서는 분양가가 다소 높은 편에 속해 미분양이 난 것으로 판단했다. 즉, 부동산 용어로 '직주근접'이 문제였다.

당시 부동산 정책 상황 역시 정부 규제 이후 실수요자와 투자자 모두가 시장을 관망하고 있는 상황에서 분양을 해야 하는 어려움도 있었다. 그렇지만 앞서도 언급했듯 위기가 있는 곳에는 항상 기회가 있다. 그리고 위험한 상황을 기회로 이용하면 수익률은 오른다.

미분양 현장의 경우 일반 분양 대행 수익보다 훨씬 더 높다. 신규 분양 현장과 비교했을 때, 대행사 수익은 20~30%가 더 높게 책정된다. 그만큼 미분양 물건을 팔기 위해서는 마케팅과 영업 전략을 가지고 신경 써야 할 일이 많아지기 때문이다.

나는 우선 자료 조사를 하며 정부의 규제정책의 틈새가 무엇인지 찾았다. 부동산 시장에는 항상 틈새시장이 존재하기 마련인데, 이 틈새를 찾아서 벌리면, 즉 수요를 이끌어 내면 물건을 분양하는 건 생각보다 쉬운 일이 되기 때문이다. 조사 결과 다행히 정부의 부동산 규제정책으로 주택을 살지 말지 고민을 하던 세입자들이 전세로 눈을 돌리면서, 당시 전세 물건을 찾는 수요가 넘치던 상황이었다.

'그러면 분양을 전세 쪽으로 돌리도록 하면 어떨까.'

나는 상황을 지켜보면서 이런 식으로 역발상을 해보았다. 특히 수익형 오피스텔의 경우, 월세 수익 때문에 투자 목적으로 분양을 받는 것이기에, 전세 물건이 없다는 점에 착안한 것이다.

가을이 닥치기 전에 미분양 물건 100여 개를 모두 팔기 위해서는 특별한 대책이 필요한 상황이었다. 나는 현장 주변의 부동산 공인중개사를 방문하면서 전세 입주자를 맞춰달라고 하고 부동산 수수료를 높게 불렀다.

수익형 부동산의 경우 투자자는 공실률을 가장 많이 걱정하는데, 그 이유는 준공한 이후 입주자를 맞추지 못할 경우 금융비용에 따른 부담이 높아지기 때문이다. 즉, 공실률 문제. 더욱이 당시 미분양 물건 중에는 90% 이상이 투룸이었기에 임대료인 월세에 부담을 느낀 소비자들에게 임대차를 맞추기가 쉽지 않았다.

이런 상황에서 월세가 아닌 전세로 방향을 바꾸자 입질이 바로 오기 시작했다.

아무리 그래도 분양가 대비 전세가가 평균 70% 이내라는 점을 감안했을 때, 2억 초·중반대 투룸 분양가격은 높은 게 사실이다. 투자자가 전세가 맞춰진 투룸을 분양받을 경우, 매도 후 시세차익을 봐야 하는 상황에서 단순히 주변 개발 호재로 인해 매매가가 오를 거라 기대하지는 않기 때문이다.

당시 가산디지털단지 주변에 다른 현장에서는 신규 분양가가 2억 중반대 이하로 형성되어 있었다. 하지만 2년 전에 분양한 오래된 현장이라는 핸디캡이 가격에 반드시 반영되어야 했다. 즉, 분양가를 더 떨어뜨려야 하는 상황이었다.

사실 분양가를 인하하는 것은 이해관계자들 사이에서는 굉장히 어렵고 민감한 주제이다. 기존에 분양받은 사람과의 형평성과 주변 시세 대비 형평성 또한 따져봐야 하기 때문이다. 그 밖에도 검토해야 할 부분이 많기에 분양가 인하라는 카드는 함부로 쓸 수 있는 게 아니다.

나는 고민에 고민을 거듭했다. 분양가를 낮추지 않고도 난관을 돌파할 방법은 없는지….
이틀 동안 깊이 고민한 끝에 결국 방법을 찾아낼 수 있었다. 시행사와 몇 차례 미팅을 통해 도출해낸 결론은 이랬다.

분양가는 그대로 둔다. 분양받은 사람에게 취득·등록세 등 세금지원으로 혜택을 준다. 즉, 세금으로 분양가 인하 효과를 거두는 것이다.

아파트를 포함한 빌라나 주택 등의 평균 취득·등록세는 1.1~1.5% 내외이지만 오피스텔의 경우 4.6%로 고정되어 있다. 주택보다는 대략 3%가 더 높기 때문에 결코 적지 않은 금액이었다.

만약 분양가를 2억으로 가정하면, 주택과 오피스텔의 세금 차이는 무려 700만 원이나 발생한다. 나는 이 금액을 수분양자들에게 지원해 주고, 분양가는 변동이 없는 조건으로 미분양 물건에 대해 분양 대행을 진행하기로 한 것이다.

앞서 주변 부동산에 전세 임대차를 맞춰달라는 영업을 해둔 터라 세금지원 방안을 나중에 알려주면서 세입자를 맞추고, 투자자를 함께 연결하는 마케팅을 진행했다. 이는 전무후무한 동시다발적 마케팅 전략이었다.

결국 귀신도 통하게 하는 분양 전략으로 인해 미분양 102세대를 60일 만에 완판을 만들어 낼 수 있었다. 분양 대행을 맡은 지 2개월 만에 이룬 성과였다. 뚜껑을 열어보니 기존 전세

매물을 찾던 임차인들이 분양을 받는 경우가 절반이 넘었다. 실수요자를 대상으로 취득·등록세 등 세금지원을 해준 것이 분양 수요를 이끌어 낸 결정타였다.

유튜브를 보고
의뢰인이 찾아오다

　미분양 현장을 성공적으로 완판 시킨 뒤에 맡게 된 프로젝트는 토지매입이었다. 의뢰물건은 호텔과 리조트 부지로 영종도와 대부도 등 수도권 지역을 상대로 사업할 대규모 대지 매물을 찾아달라는 거였다.

　이 의뢰를 한 사람과의 인연이 참 재밌다. 2017년 하반기부터는 부동산 투자 관련 유튜브 채널인 '아장스망TV'를 운영하고 있었는데, 이때 구독자였던 시청자가 유튜브를 보고 매물의뢰를 해온 것이다.

　지금이야 유튜브에 부동산 매물강의 채널이 많지만, 그 당시에는 부동산 매물이나 경매 강의 채널은 손에 꼽을 정도로 그 수가 적었다. 주변에서는 누가 유튜브로 부동산 매물을 보고 연락이 오겠냐고 했지만, 내 '선견지명'이 맞았다는 것을 알기까지 불과 2년도 걸리지 않았다.

사실 내 입장에서 리조트나 호텔 부지 사업은 생소한 분야였다. 그동안 수익형이나 상가 시행 부지를 진행한 적은 많았지만, 호텔 분야의 대지조성은 해 본 적이 없었기에 이 의뢰를 받아들일지 말지도 한참 고민했다.

하지만 성공의 리듬을 타려면 실패하더라도 일단 도전해봐야 한다. 나는 흔쾌히 매수의뢰를 수락했다. 어떤 사람은 호텔과 리조트 부지 매수 경험이 없는 나에게 왜 이 의뢰를 맡겼는지 의심하면서 뭔가 함정이 있을 거라고 생각할 수도 있다. 하지만 나는 사람은 일단 신뢰하고 보자는 주의다.

어떤 일에든 항상 장점과 단점이 공존한다. 사람에게도 마찬가지다. 그런데 내가 상대를 신뢰할 때는 주로 장점을 보려고 들지만, 신뢰하지 않으면 단점만 보려고 들게 마련이다. 그러다 보면 결국 나만 손해를 보게 된다. 믿고 신뢰해서 장점을 십분 활용해 나의 성공 리듬에 함께할 수 있는 사람을 놓치지 말아야 한다.

신뢰를 바탕으로 의뢰를 수락하고 보니, 매수자가 원하는 매물은 간단했다.

첫째, 주변에 화력 및 풍력발전소가 없을 것
둘째, 수도권 지역에 5만 평 이상의 부지

처음에 5만 평이라는 얘기를 듣는데 할 말이 없었다.

우선 그렇듯 큰 평수의 매물이 흔하지도 않을뿐더러 내가 계속 찾아다녀야 하는 상황이었다.

우선 영종도를 뒤졌다. 10번 넘게 방문해 적정 매물을 확인했지만 매수자는 가격과 위치가 마음에 들지 않는다며 매물도 안 보려고 했다.

대부도와 시화 등 인접 지역 매물도 훑었다. 해당 지역 부동산과 미팅을 한 뒤 매물을 확인하고 다시 매수자와 연락을 주고받았다. 그 후 4~5차례 미팅을 거친 뒤 거북섬 현장에서 현장 답사를 했다.

매물 찾기가 정말 어려운 건이었다. 매도자와 매수자 모두 부동산 업체를 통해 거래하고 있었기에 양쪽 매수자와 매도자 신상 정보, 그리고 물건 정보를 어느 선까지 공개할지도 신중하게 판단해야 했다.

매수자는 매도측과 미팅도 하지 않은 상황에서 매수자 정보를 공개할 수 없다는 입장이었고, 매도자 역시 매물을 뺏길 수 있다는 막연한 불안감 때문에 정보를 오픈하지 않으려고 했다. 그만큼 부지와 프로젝트가 크기 때문이다.

거북섬은 약 300만 평 이상의 대규모 개발 프로젝트로 시흥시의 개발계획이 담긴 토지매물이다. 그중 호텔과 리조트 부지로 나온 매물은 약 11만 평 규모의 초대형 매물로 인근 지역에서는 벌써 수년째 매수업체를 찾고 있었지만, 좀처럼 적임자가 없던 상황이었다. 매수자는 현장 탐방을 가더니 입찰가격이 너무 비싸다며 한 발 빼는 모양새였다.

사실 이 정도 규모의 큰 물건은 개인 거래가 아닌 시흥시 소유의 물건으로 공개 입찰을 통해 진행하는 경우가 많다. 입찰 후 유찰이 되더라도 시에서 적정가에 입찰하려는 업체가 있다면 매각을 진행할 의사가 충분히 있었다.

문제는 가격이었다. 당시 평당 매매가가 약 150만 원 내외였는데, 이는 5만 평 규모의 호텔 부지로 맞지 않는 매매가였다.

매도측은 전답은 평당 90만 원과 60만 원을, 임야는 평당 65만 원 정도로 제시해 어느 정도 가격 협의 여지가 있었지만, 매수측은 이 조건을 받아들이지 못했다. 상황이 늘어지기 시작했다.

10번 이상 현장을 오가며 공을 들인 게 수포로 돌아갈 상황이었다. 결국 이 물건은 과감하게 버렸다. 그 물건을 두고 포기할지 말지 고민하느니 나는 시간을 더 아끼기로 했다. 또 다시 매물을 찾기 시작했다.

그러던 중 거북섬 주변 반달섬 안에 적합한 매물 하나를 발견했다. 사실 거북섬과 반달섬은 이름만 다를 뿐 양쪽 모두 안산시에서 특별계획구역으로 지정해 놓은 매물이라고 할 수 있다. 이름도, 조건도 비슷했지만 입지나 토지 위치는 둘 사이에 차이가 있었다.

거북섬과 반달섬 모두 2017년에 한 대기업에서 공개 입찰 후 낙찰을 받은 상황이었고, 호텔과 리조트 매물은 임야 및 전답 등의 토지매물이었다.

하지만 이 또한 매수자는 가격이 마음에 들지 않는다고 했다. 나는 또 한 번 매물을 내려놨다. 그 와중에 계절은 여름을 지나 가을의 끝으로 향하고 있었다. 2018년 10월 초가을까지 호텔 부지 매물을 찾느라 영종도와 시화, 대부도 등을 10번 이상 드나들었지만, 매수업체가 원하는 매물은 찾을 수 없었다.

결국 매수자는 매수의뢰를 철회했다. 나는 몇 달간을 고생했지만, 수익을 전혀 얻지 못한 것이다. 하지만 세상에 헛된 노력은 없다. 비록 거래를 성사시키지는 못했더라도 호텔 부지 매물을 찾으러 다니면서 매물의 특성을 찾는 방법 등의 노하우를 터득할 수 있었다. 이것은 돈을 주고서라도 배우기 어려운 값진 경험이 틀림없었다.

부동산은 안 변해도
거래조건은 변한다

2018년이 내게는 그런 시기였다. 언주역 물건, 남양주 시행 부지 의뢰 건에 이어 인천 청라동 일대의 한 업체로부터 전원 주택 부지 의뢰도 받게 된다. 지역 매물을 찾던 중, 적정 매물 이 있어 매수 작업을 진행했다.

전원주택 대지조성 사업 부지는 나 역시 처음 의뢰를 받아 본 터라, 매수업체와 여러 차례 미팅을 통해 원하는 토지 규모 와 평단가 등을 의논했다. 모르는 분야였지만 오히려 일을 하 면서 배우는 것들이 많았다.

첫 번째로 내가 꼽은 지역은 용인시 기흥.

기존에 준공된 전원주택 물건인데 민속촌 인근에 위치해 있 어 매수업체 쪽도 잘 아는 지역이어서 설명하기가 쉬웠다. 전체 토지 평수는 약 7천 평 규모로 평당 350만 원선으로 매가가 형성되어 있었다. 자연녹지와 나대지가 혼재된 매물이어서 적정하다고 판단했다. 기대를 하고 브리핑을 한 지 며칠 만에 답이 왔는데, 전원주택 부지로는 부적합하다는 내용이었다.

그 이유는 먼저 평당 매매가가 1년 전에 비해 50% 가량 올랐고, 도로 진입 등의 토지 구획정리가 어렵다는 것이었다. 당시 용인시가 전원주택을 포함해 주택 공급에 준공처리를 연기하고 있는 상황도 변수였다. 아쉽지만 다른 물건을 찾아야 했다.

두 번째 물건 지역은 한강 조망권을 가진 김포시 자연녹지 매물이었다.

토지면적은 약 8천 평 규모에 평단가가 약 250만 원 정도였다. 전체 평수나 매입가는 적절했기에 의뢰업체에 브리핑을 하고, 허가사항이나 수지분석 자료를 만들어 보내주기로 했다.

그런데 일주일 뒤 업체 측에서 연락이 오길, 김포 토지 매물은 평당 분양가를 400만 원 선으로 정해야 하는데, 한강 조망권 외에는 주변 인프라가 적어 가격을 올릴 만한 요건이 적다는 것이다. 이 역시 아쉽지만 포기해야 할 지역이었다.

마지막 후보지는 인천에 있는 청라신도시 지역이었다.

스타필드 예정 부지 바로 앞에 위치한 이곳은 1만 2천 평 규모의 토지 면적을 가지고 있고, 자연녹지와 임야로 구성되어 있었다. 청라신도시 안에 있지만, 주소지는 인천 서구에 해당되었다.

평당 매가는 150만 원선. 3명의 매도자가 공동명의로 땅을 가지고 있었다. 150만 원은 이중 매도자 한 명이 제시한 가격으로, 나머지 두 사람과 합의를 하면 130만 원 선에도 거래가 가능할 듯싶었다. 2차 물건지를 탐색하는 과정에서 얻은 적격사유에 맞아 매수업체에 브리핑을 했더니 매수업체도 긍정적인 반응을 보였다.

이로써 1차 미팅이 진행되었다. 용인시 민속촌 전원주택 근처에서 진행되었는데 매수자 시공 능력도 체크할 겸 현장 미팅을 진행하며 매물 관련 미팅을 진행했다.

3명이 공동지분으로 토지를 가지고 있어 대표 위임장을 써야 했다. 이후 토지사용승인 등의 조건부 가계약을 진행했다. 일은 순조롭게 진행되는 듯했으나 마지막 변수는 매물 바로 앞에 있는 군부대에 협의를 얻어내는 거였다. 하지만 이 역시 매수업체 측에서 그동안 시공을 하며 군부대 협의를 여러 번 해왔던 터라 큰 문제가 될 것 같지 않았다.

3개월 후 군부대 협의와 관공서 건축 인허가 조건 등의 내용이 담긴 대지조성사업부지 기본개발도가 나왔다. 이후 2차 미팅을 진행하는 과정에서 매도자는 계약금을 치르고 본 계약을 하자고 제안했다. 부동산 거래 계약은 쌍방의 요구를 잘 조율해 매도자와 매수자 모두가 손해 보지 않고, 거래 절차를 신뢰할 수 있도록 하는 것이 중요하다. 하지만 처음에는 양쪽이 모두 각자의 제안을 주장하기 때문에 이 간극을 좁히는 작업이 중개자가 할 일이다.

매도자가 본 계약을 제시하자, 매수자는 본 계약 조건으로 한 가지 조건을 덧붙였다. 만약 군부대 협의가 제대로 되지 않아 설계도 원안대로 세대수가 만들어지지 않으면, 평단가를 내리거나 계약금을 100% 반환한다는 조건이었다. 하지만 이 또한 매수자의 입장에서 위험을 피하려는 당연한 행위다.

그러나 양쪽 간 본 계약 조건에 대한 협의가 아직 충분히 이뤄지기 전에 성급하게 방어하려는 행위일 수 있다. 이래서 **협상이란 모름지기 양측의 입장을 좁혀나가는 과정**이라고 볼 수 있다.

나는 양측 조건에 대한 협의가 충분하지 않다는 생각에 1개월이라는 시간을 매수자에게 주고, 그 안에 매도자의 제안을 받아들일지 결정하는 것으로 조율했다.

물론 상황은 간단하지 않았다. 공동대표였기 때문에 나머지 대표들과 의견 조율을 하는 게 쉽지 않은 상황이었다. 결국 3개월간 매수 의사가 충분하지 않다고 판단한 매도자 중 한 사람이 다른 매수자와 계약 미팅까지 가버린 사태가 벌어졌다.

비록 본 계약 전이긴 하지만 기존 매수업체에 이 사실을 전했고, 남은 기간은 1주일 안에 결정해야 하는 상황으로 좁혀졌다. 기간이 너무 짧았던지 이 매수자는 요청을 수락하지 못했고, 결국 새로운 매수자와 정식 계약을 체결하게 되었다. 평상시 멘탈 관리를 해왔던 나 역시 이때에는 4개월간 고생이 한순간에 무너져 내리는 것 같은 허탈감이 들었다.

만약 제삼자의 시선으로 보면 이 계약이 매도업체의 변심으로 인해 깨진 것처럼 보였지만, 그보다는 매수업체가 자금 여력이 충분치 않았던 게 더 컸다. 매수자가 용인시 인근에 짓고 있던 전원주택이 준공을 앞둔 상태였지만, 용인시의 준공허가가 연기되면서 자금난에 빠진 것이다. 매수자의 이와 같은 자금난을 인지한 매도자 측이 새로운 매수자를 적극적으로 알아보게 된 상황이었다.

내 입장에서 할 수 있었던 최선은, 매도업체에 계약체결 기간을 조금씩 더 연장하는 것뿐이었다. 하지만 계약금조차 없었던 상황은 결국 최악으로 치달았다. 매수자는 진심으로 계약하고 싶어서 사채를 쓸 생각까지 했지만, 결국 계약을 마무리 짓지 못하고 말았다. 매수자 역시 4개월 동안 마음과 달리 속을 끓이면서 고생했기에 매수자 탓을 할 수만도 없는 상황이었다. 이런 경우는 운이 없었다고 할 수밖에 없다.

아파트 주택 시행 부지 건도 시간이 오래 걸리는 데다 매매계약 가능성이 낮아 결실을 맺지는 못했다. 이렇게 수익으로 연결되지 않는데도 불구하고, 계속 토지 매매 작업을 계속하는 이유는 이 과정을 통해 나 스스로가 한 단계 업그레이드된다는 걸 알기 때문이다.

평수가 아무리 작아도 토지를 작업하려면 매도가 필수이고, 토지 위에 건물까지 있다면 명도가 따라붙는다. 명도는 부동산 매매 과정에서 가장 힘들고 스트레스를 받는 일이다. 토지 명도의 경우, 일반 경매를 통한 명도와 비교도 안 될 만큼 까다롭다. 명도가 순조롭게 진행되는 경우는 확률상 10%도 채되지 않는다. 매도자야 돈 받고 팔면 끝이지만 임차인이 권리를 주장하기 시작하면 명도로 보상비를 지급해야 하고, 이 과정이 만만치 않기 때문이다.

언주역 인근 차병원 사거리 토지 역시 명도 작업에서 실패를 맛보았다. 일반상업지로 약 350평 규모인 이 토지의 매매가는 평당 7천만 원 선이었다. 그 당시 일반상업지 매매가가 평당 9천만 원 후반대인 걸 감안하면 급매로 나온 셈이었다. 이에 시행사와 지주 미팅을 잡고 얘기를 들어보니 단가가 싼 이유가 있었다. 바로 명도를 매수자가 진행하는 조건 때문이었다. 그 말을 듣고 속으로 '이건 안 될 수도 있겠다.' 싶었는데도 매수자 의사가 워낙 적극적이어서 진행을 했던 건이었다.

시행사 쪽을 살펴보니 업력은 3년 미만으로 신생 업체였지만 서울 요지에 시행을 세 차례 정도 해 본 경험이 있어 매수자가 명도를 하는 게 크게 어렵지 않다고 생각했던 것 같다.

당시 7층 건물에 임차 중인 세입자는 10명이었는데 이 중에서 임대차 만료가 6개월 이내인 업체만 추렸더니, 한 명을 뺀 나머지 9명이었다. 1개 업체 명도받는 게 뭐가 그리 어렵겠냐는 생각에 토지계약을 체결했고, 곧바로 임차인과 명도 협상을 시작했다. 그런데, 일이라는 건 항상 문턱을 넘어봐야 그 실상을 알게 된다.

나 역시 매매계약을 진행하며 분양 대행업이 연결되어 있어서 명도를 함께 하고 있었음에도 쉽지 않은 상황이라고 생각되었다. 일반적으로 계약을 하고 건축허가가 나서 대출받기까지 걸리는 시간을 6개월 내외로 보면 적당하다. 그 기간에 나머지 9개 임차인은 임대차가 모두 끝나는 상황으로, 명도가 완료될 경우 멸실 후 착공 승인을 받으면 되는 간단한 문제였다.

그런데 그 문제의 임차인이 6개월이 지나도록 명도에 동의하지 않고 있었다. 임차인이야 보상비를 바라고 그러는 건데, 보상 액수가 문제였다. 1년 정도 기간이 남아 있는 상황에서 7억을 요구했다. 임대보증금 2억을 빼면 5억을 달라는 얘기였다. 시행사는 토지매입 후 1년을 쉴 수는 없는 노릇이어서 밀어붙이려고 했지만, 5억은 터무니없는 금액이었다. 그 상황에서 건축허가가 떨어지면 문제는 더 골치 아파지는데, 건축허가 이후에도 명도를 못 받으면 대출 이자 비용이 눈덩이처럼 커지기 때문이다. 아예 시행을 할 이유가 없는 상황으로 갈 수도 있었다.

결국 시행사와 임차인은 보상비 6억으로 명도를 마무리했다. 시행사는 보증금을 빼고 4억을 손해를 봤지만, 그제라도 합의가 된 것이 다행이었다. 만약 이때 합의를 못 했다면 4억이 아닌 10억 이상 손해를 볼 수도 있는 상황이었다.

이런 명도 문제는 소위 말하는 '알박기' 시행 사례에서 종종 등장한다. 최근에도 이런 알박기 상황을 겪은 적이 있다. 성수동의 서울숲 지역주택조합 분양 현장에서 명도 때문에 평당 분양가를 3천만 원 이상 더 물어내야 하는 상황이 생긴 것이다. 분양자들이 시행사를 상대로 데모를 하면서 3개월 동안 분양이 전면 중단되었다.

이처럼 명도 작업은 토지를 매매하는 데 있어서 가장 중요한 포인트이다. 다세대 중에서 명도 가구가 작다고 해서 결코 무시해서는 안 된다.

2020년,
가장 뜨거운 감자였던 부동산

2020년은 정부의 지난 3년간의 부동산 규제정책이 좀 더 빠르게 속도를 내는 한해였다. 우선, 2020년 5월과 6월 시행되는 부동산 규제정책과 맞물려 2020년 6월 17일, 정부의 21번째 부동산 규제정책이 나왔다. 이로 인해 그동안 주택투자 시장에서 관심의 대상이었던 오피스텔 투자마저도 그 입지가 좁아질 수밖에 없는 상황이 되었다.

정부의 부동산 규제정책과 맞물려 2020년 전 세계 코로나19 유행은 그야말로 부동산 시장 전반에 큰 타격을 줬다. 코로나19의 여파는 부동산뿐만 아니라 산업 전반에 걸쳐 경기 하락이라는 어려움을 초래했다.

부동산업에 종사하고 있는 나로서는 이 난관을 어떻게 헤쳐나가야 할지 방법을 빨리 찾아야 했다. 동종업계에서는 부동산 규제정책과 코로나19와 맞물리면서 아예 분양시장을 떠나거나 분양업을 잠정 중단한 업체도 많았다.

하지만, 항상 위기 속에 기회가 있다는 내 신념은 이런 상황에도 흔들림은 없었다. 오히려 뿌옇게 낀 안개 속을 헤쳐나가려면 더 밝게 빛나는 빛이 있어야 하듯, 지금의 위기 속에 더 필요한 것은 한 줄기 빛과 같은 번뜩이는 영업 아이디어와 마케팅 방법뿐이다.

코로나19 1차 대유행이 시작된 1월부터 시작된 고척동 분양 현장은 부동산 시장 전반의 어려움을 반영하듯 그해 6월이 돼서야 어느 정도 분양 마무리를 할 수 있었다. 분양 현장을 마무리하는 데 거의 6개월 이상이 걸렸다. 실제로 340세대 중에서 30% 이상은 미분양이 된 상황.

직원들도 나도 최근 들어 처음 겪어보는 이런 상황에 모두가 업무에 의욕을 잃고 몇몇 직원들은 분양업을 떠나서 다른 일자리를 알아보는 경우도 있었다. 솔직히 정부의 부동산 규제정책은 지난 몇 년간의 규제정책으로 어느 정도 내성이 생긴 상황이다. 앞으로 시장에서 어떻게 규제정책에 대한 탄력적인 영업 전략을 적용할지 계획을 하고 있었지만, 코로나19는 그야말로 지금까지 겪어보지 못한 전무후무한 변수였다.

나뿐만 아니라 누구나 똑같이 겪는 상황이었다. 특히, 소상 공인 중심의 자영업자는 그야말로 고통 속에서 하루하루 버텨 내야 하는 상황. 예전에, 꼬치구이 전문점을 운영해 보면서 장 사가 정말 쉬운 것이 아니라는 경험을 뼈저리게 했던 터라. 자 영업 운영자의 심정에 뼛속까지 공감대를 느낄 수 있었다.

하지만, 지금의 상황만 한탄하고 있을 수는 없었다. 코로나 19의 어려움 속에서도 어렵게 계약을 성사시킨 사례를 하나 소개하고자 한다.

그 당시 나는 6월 고척동 분양을 어느 정도 마무리하고, 경 기도 삼송에 부동산 중개사무소를 공동운영할 기회가 생겼다. 삼송역 도보 1분이라는 위치와 주변이 3기 창릉신도시 주변이 라는 점이 사업에 대한 메리트가 있어 보였다.

동업으로 중개사무소를 시작하고 1주일 정도 될 무렵, 1군 브랜드 타운하우스 시행 본사가 사무실을 찾아왔다. 이 시행 사는 파주, 김포 타운하우스를 성공적으로 분양 완판하고, 경 기도 삼송 지축지구에 1차 타운하우스를 마무리하는 단계였 다. 이후에 삼송지구 2차 타운하우스를 계획 중이었고, 이를 위한 단독 모델하우스 부지를 찾고 있던 중이었다.

그 당시 삼송지구는 3기 창릉신도시와 더불어 원흥, 덕은, 지축지구 중에서도 제일 부동산 투자가 활발한 지역이었다. 이 때문에 시행사에서 단독 모델하우스 부지를 찾는다는 것이 쉽지는 않은 상황이었다. 더욱이 최소 700평 이상 나대지 매물을 찾는다는 것은 더욱더 불가능해 보였다.

시행사 담당 직원은 몇 개월째 주변 부동산을 돌아다니면서 적정 부지를 검토했지만 모두 허사였고, 다른 부동산중개업소들은 이 물건을 아예 취급도 하지 않는 상황이었다.

하지만 누구나 찾기 쉽고 일하기 편한 환경이라면 굳이 왜 나한테까지 이런 제안이 오겠는가. 어떤 사람들은 한두 번 시도하고 포기할지 모르지만 나는 의뢰물건에 대한 계약을 이루겠다는 목표로 직접 시행사가 요청한 바에 부합하는 물건을 찾아보기로 했다.

약 한 달 정도 물건을 찾으러 임장을 다니면서 삼송 인근 지역인 덕양구 신원동 일반상업지에 적합한 부지를 찾게 된다.

대로변 앞 2개 필지를 합쳐서 약 700평. 시행사가 원하는 최적의 장소와 적합한 규모의 매물이었다. 시행사 담당자는 나에게 연락을 받고 바로 그 다음날 마케팅 팀장과 매물을 보러 한걸음에 달려왔다.

사실 이 매물에는 문제점이 있었다. 1개 필지가 대략 350평 내외로 2개 필지가 나란히 인접한 토지였지만, 소유주가 달랐다. 1개 필지는 법인소유, 나머지 1개 필지는 개인소유였지만 토지공사에 분양 대금이 아직 완납되지 않은 토지였다. 이 때문에 토지 소유주를 찾기가 쉽지 않은 상황이었다.

주변 부동산 및 관계자들에게 토지 소유주를 찾아달라고 부탁도 해봤지만, 도저히 찾을 수가 없는 상황이었다. 그런데 천우신조인가. 토지공사에 잔금 납부 전이던 1개 필지 소유주가 매물을 찾은 1주일 뒤에 잔금 납부를 완납한 것이다. 이런 내용도 주변 지역을 계속 며칠째 답사를 다니다가 해당 토지에 토지공사 직원들이 평탄작업을 하는 것을 보고 알게 되었다.

평탄작업은 한국토지공사 소유로 되었던 토지가 개인 및 법인에게 소유권이 넘어가면서 진행하는 일종의 구획정리 작업이라고 보면 된다. 통상적으로 토지공사 소유의 토지는 잔금 납부가 되기 전에 나대지 상태로 방치되곤 한다. 그러다가 잔금 납부가 되고 소유권이 이전되는 순간 토지 소유주는 자신의 토지를 매매 또는 임대하기 위해 평탄작업을 진행하는 것이다.

토지 평탄작업을 본 순간 나는 소유권이 변경되었다는 것을 알고 이제 시행사에 이 매물을 빨리 브리핑해야 했다. 매물을 본 시행사 담당자는 흡족해했다. 가격, 위치, 면적 등등 시행사가 찾는 물건의 요건을 거의 90% 이상 맞췄기 때문이다. 그 이후 토지임대 작업은 일사천리로 진행되었다.

우선, 임대인에게 토지임대 의뢰인의 제안을 전달해야 했다. 그런데 기존 매물을 임대로 부동산에 의뢰한 임대인이 아니고는 임대인의 개인 연락처를 전혀 알 수 없는 상황. 또 한 번의 난관에 부딪혔지만 이런 문제는 그동안 시행 부지나 분양업을 하면서 수없이 경험한 문제이기에 쉽게 해결하는 방법이 있었다.

바로 토지 등기부등본 열람이다.

물론 건축물등기부 또는 토지 등기부를 열람해도 현 소유주의 개인 연락처는 기재되어 있지 않다. 대신 현 소유주의 주민등록등본상의 주소는 기재되어있다. 이런 경우에는 보통 기재되어있는 주소지로 먼저 토지임대 의뢰에 관한 우편물을 등기로 보내고 회신을 받은 후에 일을 진행하는 것이 일반적인 업무 순서지만, 시간이 없었다. 더욱이 시행사는 8월 중순 안으로 모델하우스 건축을 위한 가설건축물 신고를 관할 구청에 접수해야 하는 상황.

그렇다면 방법은 단 한 가지. 토지 등기부등본상에 기재된 소유주의 주소지로 직접 찾아가는 방법밖에 없었다. 2개 필지 등기부등본을 열람해보니 1개 필지 소유주는 개인 명의자로 주소지가 서울시 서초구 서초동이고, 다른 필지 소유주는 공동소유지만 주소지가 같은 걸로 봐서는 부부 공동명의인 듯 보였다.

계속 추측만 하고 있을 수는 없었다. 모든 일이 다 그렇지만 '생각은 깊게 행동은 빠르게' 해야 한다. 이것이 일에 임하는 내 모토다. 생각만 길게 하면 기회는 놓쳐버린다. '기회를 놓칠 수 있지만 행동하면 그만큼 후회는 적다'는 것이 그동안의 경험에서 깨달은 진실이다.

시간이 얼마 없는 상황에 한날 동시에 각각 토지 소유주를 찾아갈 수는 없었다. 초여름의 무더위도 잊은 채 부동산동업자와 따로따로 지역을 나눠서 찾아가기로 했다.

나는 서초동으로, 동업자는 명동으로….

부동산 바로 앞 삼송역에서 전철을 타고 저녁 6시경 출발을 했다. 이런 경험은 그동안 많았지만, 이 또한 소유주를 만날 확률이 50%. 만약 소유주를 만나지 못하면 다시 또 방문해야 하는 번거로움이 계속 남아 있는 상황이었다. 하지만 50%의 확률이라도 있다는 건 성공확률이 높은 것 아닌가. 난 그렇게 긍정적으로 생각하고 서초역으로 향하는 지하철에 몸을 싣고 있었다.

소유주에 대한 정보라고는 딸랑 주소 하나. 그 주소지에 소유주가 거주하고 있지 않을 확률도 있는 상황이었다. 서초동 법원 앞에 고급 아파트 단지 경비실에 도착하자 코로나19로 방문자에 대한 검색이 더 철저한 상황에 적잖이 놀란 상황이었다. 우선 담당 경비원에게 명함을 건네고, 방문 사유를 얘기한 후 몇 호 누구를 만나고 싶다고 했다. 담당 경비관이 해당 세대에 호출을 몇 분간해도 계속 응답이 없었고, 나는 '오늘 만나기는 힘든가 보다.' 하고 경비원에게 명함과 연락처를 꼭 전해 줄 것을 요청하려 했다.

마침 그때 해당 호실로부터 인터폰이 울렸다. 바로 소유주 남편이었다. 처음에 간단한 통화를 하면서 방문 사유를 설명하니 해당 로비에서 만나자는 회신을 받았고, 그렇게 소유주 남편분과 미팅을 할 수 있었다.

사실 전혀 일면식도 없는 사람이 불쑥 찾아와서, 그것도 코로나19가 한참이던 7월이었으니 입장을 바꿔 생각해도 누군가를 만난다는 것이 쉽지는 않았을 것이다.

소유주 남편과 미팅을 하던 중 또 한 가지 난관에 봉착하게 되었는데. 바로 토지 소유주인 부인이 현재 영국에서 자녀들과 함께 거주 중이라는 거였다.

순간 막막한 생각밖에 달리 아무 생각도 없었다. 모델하우스 건축은 일반 건축물과 달리 가설건축물에 관한 신고 및 허가를 관할구청에 받아야 했는데, 신고 및 허가를 위해서는 토지 소유주의 인감증명서와 인감도장이 필수였다. 소유주가 지금 영국에 체류하고 있다니 답이 없었다.

남편과 계속 대화를 해보니 다행히 소유주는 부인이지만 토지에 관한 내용을 남편분도 알고 계시고 이에 관련된 인감증명서 또는 법인회사에서 사용하는 사용인감계를 법적 위임자에게 맡겨놓고 해외에 거주 중이라는 걸 알았다. 그 얘기를 들으니 나도 모르게 안도의 한숨이 나왔다.

다른 소유주를 찾아갔던 동업자에게서도 좋은 소식이 들려왔다. 소유주 부부와 대화가 잘 돼서 임대를 진행하기로 약속을 받았다는 것.

나는 동업자에게 전화를 듣고 이 계약이 잘 될 것 같은 예감에 다시 사무실로 돌아오는 발걸음이 너무도 가벼웠다. 비록 코로나로 무더운 여름 마스크를 쓰고 온몸이 땀에 흠뻑 젖은 채로 돌아오는 길이었지만….

그렇게 무더운 한 여름날, 마음 졸이며 다음 날 시행사 담당자에게 소유주 미팅 사실을 알리고 계약 내용에 대한 초안을 작성하기로 했다.

일은 순조롭게 잘 진행되었다. 그렇게 1주일 정도 계약서 초안이 완성되어 갈 무렵, 뜻밖의 전화 한 통을 받게 된다. 바로 시행사 담당자였다. 관할 구청에 확인해 보니 대리인감증명서로는 가설건축물 신고 및 허가 서류접수가 불가하다는 것이다.

아니 그럼 어떻게 하라는 건지. 영국에 거주하고 있는 소유주에게 한국으로 귀국이라도 하라고 해야 한다는 것인가.

그 전화 한 통화에 순간 사무실에는 한동안 정적만 감돌았다. 하지만 이대로 포기할 수는 없는 상황. 고양시 덕양구청 건축과 담당자를 찾아가고, 소유주 법적대리인과 통화하기를 3일 정도 될 무렵 해결책을 찾았다. 바로 영국 한국영사관에서 소유주가 직접 방문해서 인감 위임장을 작성하고 영사관 직인을 찍은 서류를 한국의 대리인에게 보내면 된다는 것이다.

이를 위해서 소유주는 영국 영사관까지 왕복 12시간 이상의 장거리 운전을 해야 했다. 그 당시 영국은 코로나19의 여파가 한국보다 더 심각한 상황이었다. 도시 간 이동이 제한되고 영사관을 방문하기 위해서 몇 번의 검문을 통과해야 하는 상황을 무릅쓰고 소유주가 힘겹게 서류를 발급받은 것이다.

이외에도 여러 우여곡절이 있었지만, 결국 처음 시행사에서 요청한 8월 중순경을 지나지 않고 원만하게 계약이 마무리되었고, 수수료까지 깔끔하게 지급받고 의뢰요청을 마무리 짓게 되었다.

코로나로 인한 불경기에 단순히 계약을 통한 수수료를 위해서 일을 진행한 것은 아니다. 물론, 중개수수료도 적지 않은 금액으로 만족스럽게 지급받았지만, 업무를 의뢰한 의뢰인의 요청과 일에 대한 열정이 무엇보다 업무를 깔끔하게 마무리할 수 있었던 원동력이 되었다고 생각한다.

사업에 있어서 미리 판단하거나 포기해서는 절대 안 된다.
안 된다고 포기하면 무조건 될 수 없지만, 포기하지 않으면 절대 손해는 보지 않는다.
Impossible은 불가능이라는 뜻이지만, 띄어서 써보면 I'M Possible(나는 가능하다)이라는 말로 바뀐다.

코로나19 상황은 생각보다 오래 지속되고 있다. 이 글을 쓰고 있는 지금도 아니, 앞으로 언제까지 코로나 상황 속에 갇혀 있을지 전혀 예측할 수 없는 상황이다. 한국뿐 아니라 전 세계가 코로나19로 어려움을 겪고 있지만, 동종업계에서 힘든 소식을 들을 때면 '앞으로 부동산 업무를 계속해야 하나?' 하는 딜레마에 빠져들게 된다.

하지만, 코로나 상황 일지라도 기회가 찾아오고 그 기회는 앉아서 기다리기만 하면 절대 나에게 오지 않는다는 것을 한 번 더 증명하는 사건이 나에게 찾아왔다.

2020년 6월 17일 21번째 부동산 규제정책으로 오피스텔 분양시장은 완전히 영업 중단의 위기까지 왔다. 수도권의 몇몇 분양 현장을 제외하고는 대부분의 오피스텔 분양은 거의 멈춰버렸다. 그동안 수익형 부동산 분양 대행을 해왔던 나에게도 적잖은 위기감은 부인할 수 없는 현실이었다. 이대로 부동산 규제와 코로나 상황에 묶여서 쥐 죽은 듯이 관망만 하고 있어야 하나…. 하루에도 몇 번씩 지금의 돌파구를 찾을 방법이 없을까 고민하다 잠들기를 며칠째 반복했다.

최근 몇 년간 오피스텔 분양을 위주로 집중했던 시야를 다른 분야로 돌려보는 것도 좋을 것 같았다. 주변 분양 현장 모델하우스를 몇 번이고 방문하면서 사업의 기회가 될 수 있는 시장을 살펴보기로 한 것이다. 전혀 경험하지 못한 지주택(지역주택조합)아파트, 애견전용 오피스텔, 섹션오피스, 지식산업센터 등등.

그중에서 지주택은 법적인 문제로 인해 제외, 애견전용 오피스텔도 아이디어는 참신하지만 공급 대비 수요가 충분하지 않은 것 같아서 제외했다.

이제 남은 건 섹션오피스와 지식산업센터 2개뿐. 결국 몇 군데 모델하우스를 탐방하고 시장 분위기를 검토한 후 최종적으로 지식산업센터 분양업을 선택했다.

섹션오피스도 최근 부동산 시장에서 투자 트렌드로 급부상하고 있지만, 지식산업센터로 결정한 것은 바로 대출 때문이었다. 전매제한이 없고, 주택 수에 포함되지 않는다는 공통점은 섹션오피스와 동일하지만, 섹션오피스는 등기등본상 사무실(상가)이기 때문에 대출이 최대 60%라는 한계점이 있었다.

사실 지식산업센터 분양은 초창기 아파트형 공장이라는 타이틀로 일찍 분양 대행을 경험해본 적이 있었다. 그 당시에는 아파트형 공장 인허가 및 PF 과정에서 문제점이 많았고, 결과적으로 몇 개월 분양업무만 하다가 정계약서 발행도 못 해보고 분양을 멈춰야 하는 등 문제점이 많았다. 그래서 한동안 아파트형 공장을 절대 눈도 돌리지 않았다.

물론, 부동산 규제정책으로 오피스텔 분양이 힘들어진 것은 맞지만, 그렇다고 오피스텔 분양시장을 부정적으로만 볼 이유는 전혀 없다. 공시지가 1억 원 미만 오피스텔 경우는 취등록세(중과세) 제외이고 주택 수에 포함도 되지 않는다. 이는 오피스텔의 경우 주택법이 아닌 건축법을 적용받기에 가능한 것이다. 물론 양도소득세는 주택 세법을 적용받기에 중과세 적용을 벗어날 수는 없다.

다만, 부동산 시장은 경기 흐름과 정부의 규제정책 사이에서 상호작용을 하면서 시장의 트렌드를 주도하기 때문에, 오피스텔 분양 현장은 위치, 분양가격 등 여러 구매 유인 요소를 갖춘 현장이 아니고는 분양 성공을 예상하기가 어려워진 상황이다.

이 때문에 시장의 흐름을 타고 지식산업센터 분양 대행업이 성공적이라는 판단을 하고 대행 업무를 시작했다.

첫 번째 현장은 경기도 광명시 하안동에 위치한 지식산업센터로 광명시 인근에서 개발이 이루어지지 않는 지역 중 하나에 속했다. 사실, 지식산업센터 분양 대행을 계획하면서 몇 군데 후보지를 생각했는데, 가산디지털단지, 안양, 광명이 바로 그곳이었다.

이 중에서 광명을 선택한 이유가 있었다.

첫째는 광명시 주택가격 상승이 지난 3년간 수도권 최고라는 점. 3년 전 30평형대 아파트 매매가격이 8억 원 정도였는데, 최근 동일평형대 아파트 가격이 11억 원 이상을 상회하고 있었다.

둘째는 광명시에서 유일하게 남아 있는 개발지역이 하안동, 소하동 2개 지역. 그중 하안동 우체국사거리 지식산업센터를 선택한 이유는 단 하나, 바로 개통 예정인 광명 우체국사거리 역 때문이었다.

셋째는 1군 시공사 브랜드라는 브랜드파워 때문이다. 예전에 아파트형 공장 분양 초기만 해도 도급 순위에 올라오지도 못하는 시공사가 대부분이었다. 때문에, 분양 허가, 착공, PF 이 모든 과정을 통과하고 분양하기가 쉽지 않았던 것이 아파트형 공장 분양 현장이었다.

이는 결국 업무에 대한 스트레스뿐만 아니라, 분양 직원을 믿고 계약한 수분양자에게 고스란히 피해가 전가되고, 이로 인한 스트레스 또한 엄청난 것이 현실이었다.

정부의 부동산 규제정책과 코로나19 여파 등 어려움 속에서도 경제는 계속 움직인다. 물론, 갑작스러운 외부변수의 요인으로 일시적인 불황, 불경기 등을 겪을 수는 있어도 **경제는 계속 돌아간다.**

최근 코로나19로 인한 불황 속에서도 주식지수는 2,800P를 경신하며 최고치를 기록한 것을 보자. 어떤 사람은 주식시장의 호황으로 '영끌'해서 주식에 투자하고, 어떤 사람은 부동산에 투자하고⋯. 모두가 전 세계 불황 속에서 자신에게 맞는 재테크에 더 열중하고 있는 것 또한 현실이다.

"자본주의 시장 논리는 불황 중이라도 흥하고 호황 중이라도 망할 수 있다는 것."

성공을 위한 사업의 목적은 분명히 정하되, 목적을 위한 수단과 방법은 언제든 변할 수 있다는 것에 유연하게 대처할 필요가 있다.

'고릴라 실험'이라고 들어봤는가. 심리실험의 일종인데, A・B 두 팀으로 나누어 농구공 던지는 상황을 바라보고, 상대편 팀과 농구공을 몇 번 던지는지를 알아맞히는 실험을 했다. 하지만, 이 실험의 목적은 농구공을 몇 번 던졌는지가 아니라, 실험 중간에 고릴라 복장으로 분장한 사람이 1~2분 정도 서성이는 상황을 연출하고, 그 상황을 인지한 참가자의 비율을 측정하는 것이었다. 실험의 결과는 놀라웠다. 전체 참가자 중의 약 70%가 농구공 던지는 숫자 세는 것만 집중하느라, 고릴라 분장을 한 사람이 실험 중간에 들어왔다는 것조차 전혀 알지 못했다.

인생이라는 노선은 결코 앞만 보고 정해진 길로 가는 것이 아니다. 경주마가 우승하기 위해 한눈팔지 않고 앞만 보고 달려 가도록 하는 '눈가리개'는 인생에 아무 도움도 되지 않는다. 위기의 상황을 빨리 인지하고, 행동할 때 여러분의 인생은 더 선명해지고 풍족해질 것이다.

몇 년 만에 지식산업센터 분양 대행을 시작하면서 사업의 목적은 분명했다. 바로, 사업의 성공이라는 막연함보다는 부동산 투자자들의 마음을 정확히 파악하는 것. 투자자들의 투자 심리를 정확히 파악해서 투자에 성공할 수 있는 조건에 맞는 정확한 부동산 매물을 분양해야 했다.

지난 10여 년간 부동산 분양 현장에서 만나온 투자자들은 각자 부동산 투자의 이유가 분명히 있었다. 물론, 어떤 사람은 아무 이유도 없이, '친구 따라 강남 가듯' 부동산 투자를 경험해보려는 단순한 마음을 갖고 있었을 수도 있다. 하지만, 대부분의 재테크 투자가 그러하듯이 아무 이유와 목적 없이 투자하는 사람은 없을 것이다.

지금도 마찬가지다. 부동산 규제와 코로나19로 어려운 상황이지만, 재테크에 대한 투자는 멈추지 않는다. 다만, 부동산 시장의 어려운 상황만을 보고 부정적 요인만을 생각하면 사업에 대한 목적을 성취할 수는 없을 것이다.

결과적으로, 몇 년 만의 지식산업센터 분양은 100% 성공적이었다. 10월에 시작한 광명 분양 현장은 상가를 제외한 전체 지식산업센터 약 600여 개 호실이 모두 완판이라는 기록을 세웠다.

첫 번째 현장을 완판하고, 바로 이어 두 번째 현장까지 완판하는 신화적 기록을 세운 것. 우리 분양 팀도 200억 이상의 분양 매출을 올리며 전국 지식산업센터 분양대행사 중에서 1위라는 실적을 거두게 된 것이다.

물론, 오랜만의 지식산업센터 분양 대행업이 마냥 쉽지만은 않았다. 오피스텔 분양업과는 완전 다른 분야였고, 고객에게 하는 브리핑 또한 오피스텔과는 전혀 달랐다. 하지만, 고객에게 올바른 분양시장의 트렌드를 제공하고, 성공적인 투자로 이끈다는 분명한 목적이 있었다. 그렇기에 본격적인 분양 업무 이전에 명확한 분양 마케팅을 설정한 것이 성공의 주요인이었다.

시장의 논리는 간단하다.

옛말에 "돈을 따라다니지 말고, 돈이 나를 따라오게 하라."고 했다는데, 이 얘기가 모든 시장 논리에 맞는 것은 아닌 것 같다.

"돈을 따라다니지 말고, 돈이 나를 따라오게 하라."는 것은 일확천금에 눈이 멀어서 성공을 위한 아무런 목적과 수단 없이 맹목적인 사람에게 해당하는 얘기다.

부동산뿐만 아니라 모든 재테크 방법에는 첫 번째가 바로, "돈이 모이는 곳을 찾아야 한다."는 것이다. 돈을 따라다니되, 맹목적이 아니라 분명한 목적을 갖고, 이를 이루기 위한 수단과 방법을 잘 선택해야 한다.

나를 부자로 만든
7가지 필살기

이처럼 나는 부동산의 세계에서 다양한 경험을 쌓으며 부를 축적해온 사람이지만, 꼭 부동산만이 재테크의 수단은 아니다.

결국 세상의 모든 재테크는 통한다고 생각한다. 경매는 토지로, 토지는 분양으로, 분양은 절세로, 절세는 또 보험으로, 보험은 주식으로…. 이렇듯 재테크의 세계가 사통팔달인 만큼, 부를 축적하는 데 가장 알맞은 분야도 따로 정해진 건 없다.

나 역시 PC 사업을 해보고, 영업도 해보고, 학원 경영도 해봤지만, 돈을 버는 일 중 쉬운 일은 없으며, 왕도도 없다는 게 내 생각이다. 그렇지만 유대인들이나 화교들을 보면 업종을 불문하고 전 세계의 부를 장악하고 있는데, 그 이유가 분명 있지 않을까?

나는 그것을 부의 7가지 비밀이라고 부른다.

지금의 나를 만든 부의 7가지 비밀

나는 대한민국에서 부를 획득한 수많은 사람 중 한 명일 뿐이지만, 이러한 부의 획득에는 공통된 원리가 있다는 사실을 알게 된 소수의 사람이다. 내가 이렇게 생각하는 이유는, 나의 성공 또는 실패 사례를 뼛속 깊이 성찰하고 분석한 결과, 어떻게 하면 가장 빨리 부의 축적에 다가갈 수 있는지를 터득했기 때문이다.

이것은 나에게 있어 절대적 비밀이며, 이 원칙 중 대부분은 상위 1%의 전 세계적인 부자들이 나에게 가르쳐준 비밀이기도 하다. 이 책의 마지막 부분까지 따라와 준 독자들을 위해 과감하게 풀어보고자 한다.

첫째, 항상 주변에 우군을 두어라

내가 영업을 할 때나 사업을 할 때, 나보다 뛰어난 사업가분들이 조언하신 말이다. 나는 주변에 우군을 둔다는 말을 그때는 잘 이해하지 못했다. 단지 '인맥이 많으면 좋은 건가?'라는 생각만 했을 뿐이다.

그런데 막상 사업을 해보고 경험이 쌓이다 보니 이게 어떤 말인지 비로소 이해가 되었다. 아무리 내가 능력이 뛰어나고, 남보다 앞선 혜안으로 사업을 벌인다고 해도 주변에서 이것을 도와주는 사람이 없으면, 혹은 주변에서 이를 가로막는 사람이 있으면 나는 결코 성공할 수 없는 것이다.

주변에 우군을 두게 되면 이와 반대의 상황이 벌어진다. 내가 조금 부족하고 안목이 없더라도 좋은 정보가 내게 오고, 생각지도 못한 기회를 얻기도 한다. 그리고 이것은 시간이 흐르면 흐를수록 더욱 많은 기회의 누적으로 이어진다.

사람이 살면서 주변에 항상 우호적인 사람만 생길 수는 없다. 때로는 예상치 못한 상황에서 내게 적대적인 사람과도 일해야 한다. 그럴 때 적을 친구로 만들 수만 있다면, 이 사람은 비즈니스의 세계에서 항상 강자가 될 것이고 반드시 부호의 자리에 오를 수 있다고 확신한다.

둘째, 반드시 약속을 지켜라

작은 약속도 항상 어기지 않고 지키는 것. 이것이 바로 부자가 되는 지름길이다. 이런 상황을 생각해보라. 내가 5천 원짜리 물건을 사고, 1만 원을 냈는데 3천 원을 거스름돈으로 받았다. 어느 누가 당황스럽지 않겠는가?

우리가 약속을 지키지 않는 것 또한 이런 상황과 같다.

4시에 만나기로 약속을 했는데 5시 10분에 나타나는 것과 같은 상황 말이다. 그런데 이게 뭐가 그리 큰 대수냐고 생각할 사람도 있겠지만, 만약 4시에 10억짜리 계약서에 서명을 해야 할 상황이라고 가정해보자. 늦을 텐가? 아마도 1시간 먼저 와서 기다릴 것이다. 그런데 약속 시간에 10분 전에 나타나는 것과 계약을 서명하는 날에 1시간 먼저 나타나는 것은 모두 같은 습관에서 비롯한다.

어떤 사람이 약속에 늦는 습관이 있다면, 이 사람은 10억짜리 계약서에 서명할 일도 사라지게 된다.

약속을 지킨다는 것은 때로는 자신이 손해를 볼 수도 있다는 것이다. 비록 내가 손해를 보더라도 상대방과의 약속을 지키려고 노력하는 것이 중요하다. '소탐대실'이라는 말이 있듯이, 작은 손해에 연연하지 않고 사업파트너의 성공을 진심으로 기원하는 마음으로 비즈니스에 임해야 한다.

작은 약속을 잘 지키는 사람이 큰 약속도 잘 지킨다는 것, 이것이 바로 절대 부호들이 말하는 부의 비밀이다.

셋째, 돈을 소중히 여겨라

세상에 돈을 소중히 여기지 않는 사람은 없을 것이다. 너무

나도 당연한 사실이니까. 그런데 실상은 그렇지가 않다. 어떤 사람이 돈을 소중히 여기는지 아닌지 알 수 있는 방법이 있다. 바로 지갑을 열어보라고 하면 된다.

이 지갑 속에 지폐가 가지런히 정돈된 사람은 돈을 소중히 여기는 사람이다. 지폐가 한쪽 방향으로 정렬되어 있고, 5만 원권과 1만 원권, 5천 원권이 종류별로 들어 있다면 더더욱 그렇다.

이런 사람은 돈을 쓸 때도 꼭 필요한 곳에 써서 낭비가 없고, 돈을 벌어도 새어나가는 구멍을 꼭 막아서 돈이 차곡차곡 쌓인다. 절약과 쓰임새의 기준이 확고하니 돈이 모이지 않을 수가 없는 것이다. 이는 단순히 지폐를 가지런히 정돈하고 깨끗이 사용하는 것만을 의미하는 것은 아니다. 수입과 지출에 대해 기본적인 재테크 개념을 갖고 있어야 한다.

돈을 버는 것도 중요하지만, 돈을 소비하는 습관이 더 중요하다. 반드시 필요한 지출인지 한 번 더 확인하고 지출해도 전혀 문제가 없다. 돈을 버는 속도보다 쓰는 속도가 더 빠르면 안 된다. 절대로!

넷째, 책을 읽어라

책을 한두 권 읽는 것을 말하는 것이 아니다. 부자가 되려면 책을 정말 많이 읽어야 한다. 빌 게이츠는 고전을 읽고 사색하는 시간을 따로 마련해둔다고 한다. 사색 주간이라고 불리는 이 시기에 그의 독서와 사색을 위해 따로 수행원들이 붙을 정도다.

책을 꾸준히 읽는 것은 곧 생각의 기틀을 만드는 것이고, 이것은 크고 넓게 생각함으로써 더 많은 기회를 알아보는 방법이 된다. 독서의 중요성은 하도 많이 들어서 누구나 알고 있겠지만, 정작 독서를 시작하겠다는 결심하고 책을 손에 드는 순간. 머릿속에는 잡생각만 들 뿐. 독서가 쉽지 않다는 것을 공감할 것이다. 독서 방법에 정도는 없다. 자신만의 방법으로 독서를 시작하면 된다.

나는 책을 읽을 때 첫 페이지부터 끝 페이지까지 완독, 아니 정독하는 경우는 거의 없다. 장르에 따라 다르겠지만, 저자의 생각이나 경험을 모두 읽을 이유도 없고. 그 생각이나 경험이 모두 맞는 것도 아니다. 따라서 나만의 스타일에 맞는 일종의 독서 루틴을 따르곤 한다.

간단히 나만의 독서 방법을 소개하자면 이렇다.

책은 서점보다는 도서관에서. 한 권 보다는 보통 10권 이상의 책을 먼저 찾고 도서관 내 옆자리에 쌓아 놓는다. 목차를 먼저 읽고, 특히 그중에도 눈에 띄는, 아니 마음에 드는 목차 내용을 먼저 읽는다. 내용이 별것 없으면 책을 덮고 옆에 있는 다른 책을 본다. 다시 또 같은 방법으로 읽다가 마음에 꽂히는 내용이 있으면 책을 덮기 전까지 계속 읽는다.

책을 읽는다는 것은 지식을 쌓아두는 연습이 아니다. 책에 적힌 저자의 경험이나 지식은 내 것이 절대 아니다. 정말 탐나는 경험과 지식이 있다면 주저하지 말고 그냥 그대로 따라 하려고 노력해봐라. 내 것으로 만들지 못하는 책 내용은 그저 종이에 찍힌 추상적 무늬에 불과하며, 쓰레기통에 버려지는 쓰레기와도 같은 것이니까.

다섯째, 수입의 10%를 나를 위해 써라

자기계발을 꾸준히 하는 사람은 수입의 10%를 자기 자신을 위해 쓴다. 이 수입은 배움과 외모 관리, 또는 운동이나 취미가 될 수 있다. 자신을 지금보다 훨씬 더 업그레이드 된 존재로 만들기 위해서는 멈추지 않고 스스로 계발해야 한다. 자기 계발을 위한 가장 좋은 시기란 없다. 당장 내일부터 수입의 10%를 나를 위해 쓰는 건 어떨까?

나는 50이라는 나이에 다시 펜을 들어 공부를 시작했다. 대학원에서 부동산 디벨로퍼 석사과정을 밟고 있다.

자기 계발을 위해 돈을 쓴다는 것은 결국에는 소비가 아니라, 수입이다. 돈의 속성은 소위 '돌고 도는 것'이라는 말이 있듯이, 한마디로 '자본의 순환'이다. 문제는 그 순환이 어디에, 어떻게 소비되는가이다. 더욱 나은 자신이 될 수 있도록 자본을 선순환시켜 투자하는 과정의 하나가 바로 자기 계발이다.

"돈이 쓰이는 용도가 어디인지가 중요하다."
"성장을 위한 지출은 결코 낭비가 아니라, 투자이며 수입이다."

여섯째, 돈이 돈을 벌게 하라

주식이나 부동산, 혹은 어떤 재테크가 되더라도 내가 일을 하지 않고 수입이 발생할 수 있는 분야를 만들어야 한다. 나는 매달 수입의 일정 부분을 이러한 재테크 분야에 투자하기 위한 자금으로 따로 떼어놓으라고 권장하고 싶다. 결국 세상의 모든 부자들은 이런 방식으로 돈을 벌기 때문이다.

이렇게 말하면 "쓸 돈이 있어야 쓰지."라고 답하는 사람들도 있다. 그런데 곰곰이 생각해보면 쓸 돈이 없어서 못 쓰는 것이 아니라 돈에 대한 속성을 정확히 알지 못하고 유용한 돈 관리를 못해서 재테크를 못하는 경우가 더 많다는 것을 알게 될 것이다.

최근 몇 년 전부터 유튜브 방송이 인기를 끌자 너도나도 유튜브 방송을 위해서 고가의 방송장비를 구입하는 데 열을 올리는 것을 본 적이 있다. 나는 3년 전 유튜브 방송을 시작하면서 노트북 한 대 이외에(그것도 기존에 사용하던 중고 노트북) 어떤 방송장비도 구입한 적이 없다. 중고 노트북으로 유튜브 방송을 하면서도 방송을 시작한 지 2개월도 안 돼서 1,000만 원이라는 매출을 만들어냈다.

"반드시 돈을 쓸 곳에 써야 한다."

재테크에 돈을 투자하라는 것은 남들이 하는 모든 재테크를 쫓아서 하라는 게 절대로 아니다. 재테크의 금액은 상관없다. 재테크를 시작하기 전에, '어떻게! 어디에!' 할 것인지를 먼저 확인하고 투자해도 늦지 않다.

일곱째, 항상 감사하라
이 7조항 중에서 가장 중요한 부분이다. 감사가 없으면 어떤 경우에도 나에게 부가 다가오지 않는다. 내가 가지고 있는 것이 얼만 큼이든, 이것을 풍요롭게 느끼는 것이야말로 부를 불러오는 핵심이기 때문이다. 얼마를 벌든 그것은 중요하지 않고, 그것을 풍요롭게 인식하며 주변 사람들과 내게 주어진 일을 감사하는 마음을 갖도록 하자.

요즈음 IT기술의 발달로 AI(인공지능)를 바탕으로 한 사물인터넷을 일상에서 쉽게 접해볼 수 있다. 반려동물처럼 주변에서 흔히 볼 수 있는 사물인터넷이라면 아마도 AI스피커일 것이다. 어느 연구기관에서 AI스피커에서 가장 많이 사용한 단어나 질문을 조사한 적이 있었다.

1위가 무엇이었을까?
바로, '고마워'라는 단어고, 2위는 '오늘 날씨 어때?'라는 질문이었다.

고맙고, 감사할 일이 없을 것 같아도. 세상을 살다 보면 감사한 일이 너무 많다는 것을 깨닫게 된다. 감사할 이유가 없다는 그것마저도 감사해라. 그러면 당신 앞에는 감사할 일이 계속 차고 넘치게 될 것이다.

지금 내가 받고 있는 월급에 감사해라. 감사한 마음으로 월급을 어떻게 관리할 것인가 고민해라. 월급 이외에 부수적인 수입이 있다면 그것 또한 감사하라. 부수적인 수입을 어떻게 하면 더 많이 늘릴 수 있을지 고민해라.

"실패해도 낙담하지 말고, 성공해도 자만하지도 말고 매순간 감사한 마음으로 살아가라."

"누군가 당신이 성공했다고 말한다면, 속으로 생각해봐라. 내가 감사한 마음으로 살고 있는가. 그렇다면 당신은 분명 성공한 사람이다."

마법의 더 콜링 기법 총정리

1. 인생에서 얻은 값진 경험을 최대한 많이 쌓아라

사업에서 정답은 교과서에 나오지도, 누가 가르쳐주지도 않는다. 오직 발로 뛰어서 경험으로만 배울 수 있는 영역이다. 그러니 조금이라도 더 많은 것을 보고, 남들보다 한 발 더 뛰어서 알아보는 수밖에는 없다.

앞서도 언급했듯 한 번 흐름을 타면, 운은 쉽게 내 편이 되어준다. 내가 그 리듬을 탈 준비가 되어있다면 말이다.

2. 힘들고 지칠 때는 더 노력할 때이다

나는 무기력과 무의미한 시간과 경험을 어떻게든 배척하려고 했고, 내 인생을 소중한 가치로 꽉꽉 눌러 채우고 싶었다.

인생은 이렇듯 꾸준히 노력해야만 대가가 찾아온다. 대부분 사람들은 힘들고 지치면, 쉬라고 조언한다. 하지만 나는 힘들고 지치면 자신을 더 혹독한 상황 속에 밀어 넣으라고 조언하고 싶다. 지금까지도 나는 그렇게 살아왔다.

독자 여러분의 시간은 지금 어떠한가.

3. 스스로 하는 일이 최선인지 되물어라

영어교재 영업을 할 당시 나 혼자 한 달에 20세트 이상을 팔고 다녔다. 그것도 영업을 한 번도 해본 적도 없는 초보가 말이다. 그때 회사 내에서 영업 실적 1등을 하자, 영업 선배들이 줄줄이 노트를 들고 내 자리로 왔다. 영업 비법 좀 알려달라는 것이다. 그런데 나는 알려줄 수 있는 지식이 딱히 없었다.

다만, 내 노하우라고 할 만한 것은 모두 대학 시절 아르바이트를 하며 몸으로 익힌 것들이었다. 주변에서는 나를 독종이라고 했지만, 거기서 만족하고 싶지 않았다. 지금 내가 하고 있는 일이 과연 최선일까? 나는 최고의 수익을 올리고 있는가? 자신에게 이렇게 질문했다.

4. 세상에 절실함으로 해결 못 할 일은 없다

PC방 프랜차이즈 사업을 벌일 90년대 중반 당시만 해도 인터넷 전용선 중 제일 속도가 빠른 선이 T1이었는데, 이걸 통신회사에서 설치해 주기까지 3개월이 걸리던 시기였다. 창업 요청이 물밀듯 쏟아지는데 인터넷 선 하나 까는데 석 달이나 기다릴 순 없는 노릇이었다.

통신회사에 요청해서 "우리가 고객을 최대한 많이 데려올 테니 설치 시간을 단축시켜 달라."고 했다. 이로써 우리는 T1 전용선을 1개월 안에 설치해 주는, 그야말로 전례가 없는 조건으로 PC방 창업 붐을 이끌었다.

사업을 하면서 문제를 해결하는 가장 중요한 방법은 바로 '절실함'이다. 그 '절실함'은 단지 나 자신의 '절실함'뿐만 아니라, 상대방인 고객의 '절실함'을 먼저 걱정할 때 '해결방안'을 찾는 원동력이 된다.

5. 최고보다는 최초, 변화를 적극적으로 즐겨라

변화의 리듬을 즐기면, 성장하는 즐거움을 느낄 수 있다.

대다수 사람들은 최고가 되려고 노력한다. 물론, 최고가 되려는 노력도 중요하다. 하지만, 나는 '최고'보다는 '최초'라는 단어를 더 좋아한다.

'개척자', '프런티어'가 나한테는 더 끌리는 단어다.

남들이 가지 않은 길. 실패에 대한 두려움보다는 적어도 '최초'라는 그 길 위에서는 어느 누구에게도 쫓기지 않는, 난 항상 1등이었으니까!

6. 주변 사람들의 도움을 구하라!

학원 운영을 할 당시 매일 새벽 4시에 내가 직접 아파트 20층부터 계단을 내려오면서 학원 홍보 전단지를 돌렸다.

학원장이 직접 전단지를 돌리는 학원은 그 당시에는 아마 없었을 것이다. 그런데 내 일은 거기서 끝나지 않았다. 학원을 직접 경영하자니 강의부터 운전, 경영 등 온갖 일을 내가 다 짊어져야 했다. 이런 상황에서 마케팅에만 시간을 할애할 수도 없는 일이었다. 이때 나는 철저하게 깨달았다.

성공을 위해서는 주변에 힘 있는 파트너들의 도움이 필요하다는 것을…. 중국 출신인 화교들이 전 세계에 흩어져 사업을 하면서도 상위권에 속하는 부를 유지할 수 있는 것은 네트워크의 힘이다.

부를 이루려면 나 혼자만 앞으로 나아가는 것이 아니라 주변 사람과 함께해야 한다. 반드시!

7. 운도 실력이다. 행운을 얻기 위해 노력하라

운도 실력의 일부라는 생각이 든다. 중요한 것은 운을 포함해 내가 부를 얻는 흐름을 타고 있느냐, 아니냐가 더 중요하다.

부자가 되는 길에 우연은 없다는 것이 내 생각이다. 오직 준비된 사람에게만 기회가 열린다. 과거의 '나'보다는, 미래의 '나'를 위해서 준비해야 한다. 그러기 위해서는 무엇보다도 현재의 '나'에게 더 집중하고 채찍질해야 한다.

8. 절대 한 우물만 파지 마라

그때 학원 사업을 병행한 것은 나에게 일종의 선견지명에 해당하는 일이었다. 혹자는 2030세대에게 성공하려면, "한 우물만 파라."고 얘기한다. 절대 그렇지 않다! 한 우물만 파면 안 된다. 여러 개 파두어서 만일의 위기에 대비하고 성공확률을 높여야 한다. 기업이 성장하면서 계열사를 늘리고 새로운 사업 분야에 뛰어드는 이유가 무엇일까. 기업과 개인은 다르다고 생각하는가? 절대 아니다!

"한 우물만 파면 절대 안 된다."

"반드시 자신이 경험한 사업 분야, 특히 실패해본 사업이라면 다시 도전해봐야 한다."

9. 공부하고 통달한 뒤에 시작하라

요즘 'N잡러'라는 신조어가 있다. 사전적 의미를 찾아보면 다음과 같다. '2개 이상 복수'를 뜻하는 'N'과 직업을 뜻하는 'job', 사람을 뜻하는 '~러(er)'가 합쳐진 신조어로 '여러 직업을 가진 사람'이란 뜻.

그런데, 요즘 20~30대 N잡러를 보면서 가끔 말문이 막힐 때가 많다. N잡러의 정의는 차치하고라도 자신이 경험해보지 않고 무조건 돈이 된다는 정보만으로 여러 직업에 뛰어드는 사람들이 너무 많은 것이다.

N잡러는 반드시 내가 경험한 분야. 또는 내가 경험하지는 못했지만, 공부하고 연구해서 어느 정도 그 분야에 대한 인식이 된 상태에서 시작해야 한다는 것을 명심했으면 한다.

10. 소명의식으로 일하라

소위 말하는 '열정페이'라는 용어를 생각할 필요도 없고. 내가 일하고 있는 일이 '앞으로 10년 후에도 존재하는가?'라는 추상적 생각도 필요 없다. 어떤 일이든 지금 하고 있는 그 일이 '하늘이 준 직업(천직)'이라는 생각을 갖고 일하면 된다.

하늘이 준 직업(천직)은 '태어나서 죽을 때까지'가 아니다. 당신의 직업을 아직 '천직'이라고 생각하지 않아도 상관없다. 단순한 시간의 개념과 돈이라는 '월급'의 한계를 넘어설 때, 그때가 비로소 '천직'이 되는 것이다.

지금 당장의 월 급여, 연봉에 얽매이지 말고. 앞으로 5년, 아니 10년 뒤 내가 독립해서 사업을 한다는 생각으로 일한다면 '돈에 맞춰 일하는' 것이 아니라, '돈을 넘어 일하는' 것. 바로 '소명'의 개념으로 사는 것이다.

부자가 된다는 건
항상 진행형

부자가 된다는 건 항상 진행형이다.

부동산으로 돈을 벌겠다는 사람들 얘기를 들어보면 모두 신문 기사나 다른 사람들의 경험에 대해 얘기한다. "어디 뉴스에 나왔는데 어느 지역 아파트가 로또라더라, 누구는 땅 보상을 받고 큰 부자가 되었다더라."라는 것이다.

다른 사람이 아무리 수백억대의 자산가라고 하더라도, 나와는 아무런 상관이 없다. 내가 부자가 되어야 한다. 부자가 된 사람들을 따라 한다고 바로 내일 부자가 되는 것도 아니다.

부동산은 기다림의 재테크이다. 좋은 안목을 가지고 씨를 뿌려놓으면 어떤 곳에는 열매가, 어떤 곳에서는 아쉽게도 잡초가 자란다. 그런데 어떤 사람은 열매를 기다렸다가 성급히 돈을 회수하고 시장을 떠난다. 그리고 부동산을 거들떠보지 않는다.

그러나 나는 지난 10년간 결코 시장을 떠나지 않았다. 경기가 좋을 때도 있고, 나쁠 때도 있었지만 나는 한결같이 시장을 지켰다. 그러다 보니 기회가 찾아왔다.

앞서 썼다시피 나는 내가 한 일에서 항상 수익을 내기만 한 것은 아니었다. 성공도 있고 실패도 있었지만, 결국 나는 그 속에서 기회를 감지해 부의 리듬을 타는 큰 안목을 갖추게 되었다. 이것은 시장을 떠나지 않고 내가 꾸준히 '배우고 실천'했기 때문이라고 생각한다.

부동산은 한 방이 아니다. 그리고 결코 무너뜨릴 수 없는 철옹성도 아니다. 내가 부동산 석사과정을 시작한 이유도 여기에 있다. 그저 기회를 보는 눈을 키우고, 적절한 때에 행동하면 된다.

이 책이 사업가의 안목과 실천에 목마른 사람들에게 그런 기회를 공유할 수 있는 책이 되었으면 한다.

누구나 부자가 되고 싶어 하지만, 누구나 부자가 될 수 없는 이유는 뭘까.

'부자가 되고자 하는 열망을 꾸준히 갖고' 기다리는 것과 '돈에 맞추어 사는 삶이 아니라, 돈을 넘어서 소명의식을 갖고 일할 때 비로소 돈과 바꿀 수 없는 소중한 선물을 받게 된다.'는 사실을 깨닫고 실천하는 것. 바로 이 부(富)의 원리를 모르기 때문이다.

부디 이 책을 읽고 대한민국 국민 한 사람이라도 더 부의 리듬을 탈 수 있다면 더 바랄 것이 없겠다.

마지막으로 필자에 대해 더 궁금한 점이 있다면 필자의 네이버 카페(부소길)와 유튜브 채널(아장스망TV)을 통해 재테크 정보와 성공노하우를 공유하고 있으니 온라인에서 만나면 될 것 같다.

2020년 12월 7일
광명 분양 현장에서
최창우

부의 리듬을 부르는 주문, THE CALLING

초판 1쇄 2021년 04월 05일

지은이 최창우
발행인 김재홍
총괄 · 기획 전재진
디자인 이근택 김다윤
교정 · 교열 전재진 박순옥
마케팅 이연실

발행처 도서출판지식공감
등록번호 제2019-000164호
주소 서울특별시 영등포구 경인로82길 3-4 센터플러스 1117호(문래동1가)
전화 02-3141-2700
팩스 02-322-3089
홈페이지 www.bookdaum.com
이메일 bookon@daum.net

가격 15,000원
ISBN 979-11-5622-587-4 03320